3분 도시 인문학 수업

3분 도시 인문학 수업

초판 1쇄 인쇄 2025년 1월 6일
초판 1쇄 발행 2025년 1월 20일

지은이 신정아
펴낸이 김종길
펴낸 곳 글담출판사 **브랜드** 아날로그

기획편집 이경숙·김보라 **영업** 성홍진 **홍보** 김지수
디자인 손소정 **관리** 이현정

출판등록 1998년 12월 30일 제2013-000314호
주소 (04029) 서울시 마포구 월드컵로8길 41 (서교동 483-9)
전화 (02) 998-7030 **팩스** (02) 998-7924
블로그 blog.naver.com/geuldam4u **이메일** geuldam4u@geuldam.com

ISBN 979-11-92706-36-8 (03900)

* 책값은 뒤표지에 있습니다.
* 잘못된 책은 바꾸어 드립니다.

만든 사람들
책임편집 김보라 **디자인** 손소정 **교정교열** 오지은

글담출판에서는 참신한 발상, 따뜻한 시선을 가진 원고를 기다리고 있습니다.
원고는 아래의 투고용 이메일을 이용해 보내주세요. 여러분의 소중한 경험과 지식을 나누세요.
이메일 to_geuldam@geuldam.com

이름만 알던 세계 도시에
숨어 있는 특별한 이야기

3분 도시 인문학 수업

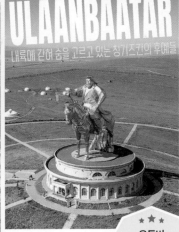

BARCELONA
신과 자연에 가까이 가고자 한
천재 건축가 가우디가 만든 환상의 도시

ROVANIEMI

LONDON
군림하되
통치하지 않는다

HONG KONG

ULAANBAATAR
내륙에 갇혀 숨을 고르고 있는 칭기즈칸의 후예들

MEXICO CITY
산 자와
죽은 자가 만나
축제를
벌이는 곳

XIAN
흙으로 빚은 병사들이
진시황릉을 지키는 천년의 고도

신정아 지음

★★★
유튜버
<책읽는신쌤>을
따라 떠나는
색다른 도시 여행

★★★
눈이 즐거운
세계 도시 도판
200컷 수록

"새로운 도시를 하나씩 알게 될 때마다
생각의 테두리는 확장되고 세계는 더 가까워진다!"

(뮤) 아날로그

도시는 인류와 세계를 이해하기 위한 더없이 흥미롭고 효과적인 소재예요

인간의 가장 위대한 발명품은 무엇일까요? 바퀴, 종이, 문자, 나침반, 전구, 비행기, 컴퓨터 등 수많은 답이 떠오릅니다. 그런데 여기에서는 또 다른 흥미로운 답변을 소개하고자 합니다. 경제학자 에드워드 글레이저는 『도시의 승리』에서 인간의 가장 위대한 발명품을 도시라고 단언합니다.

> "도시는 인류를 가장 밝게 빛나게 만들어 주는 협력 작업을 가능하게 해 준다. 인간은 다른 인간으로부터 그토록 많은 것을 배우기 때문에 우리는 더 많은 사람들과 함께 있을 때 더 많이 배운다."
>
> - 에드워드 글레이저, 『도시의 승리』, 해냄, 2021

글레이저는 '진정한 도시의 힘은 사람으로부터 나온다'고 주장합니다. 많은 사람이 모이다 보면 누군가의 아이디어가 다른 이들의 아이디어와 서로 쉽게 영향을 주고받게 되고, 이러한 과정에서 연쇄적으로 지적 폭발이 일어나고 이것이 혁신으로 이어졌다는 것입니다. 또한 그는 "평균적으로 봤을 때 어느 국가건 도시 인구의 비중이 10퍼센트 늘어날 때마다 그 나라의 1인당 생산성은 30퍼센트 향상된다"라고 말합니다. 도시화가 인류의 번영을 가져왔다는 주장입니다.

도시가 가장 위대한 발명품이라는 의견에 모두가 동의하지는 않을 겁니다. '도시'라는 단어에서는 '문제'가 연상되기도 합니다. '도시 문제'라고 하면, 지나친 인구 밀집에 따른 교통 문제, 주택 문제, 범죄 문제, 환경 문제 등이 자연스럽게 떠오릅니다. 기독교 문화가 지배하는 서양에서는 바벨탑으로 유명한 고대 도시 바빌론을 타락한 죄악의 도시로 여기기도 했습니다. 도시는 위험하고 혼란스러우며 외로운 곳이지만 동시에 화려하고 역동적이며 매력적인 기회의 장소로 많은 사람을 끌어당겼습니다. 역사학자 벤 윌슨은 『메트로폴리스』에서 다음과 같이 말합니다.

"도시는 결코 완벽한 적이 없다. 그리고 우리는 완벽한 도시를 만들 수도 없다. 사실, 도시에서의 기쁨과 역동성은 도시의 공간적 혼란스러움에서 비롯된다. 공간적 혼란스러움이란 건물과 사람과 활동이 서로 뒤섞여 상호작용하며 연출하는 다양성을 가리킨다."

- 벤 윌슨, 『메트로폴리스』, 매일경제신문사, 2021

UN에 따르면 현재 전 세계 인구의 절반 이상이 도시에 거주하고 있으며 2050년까지 전 인류의 3분의 2가 도시에 거주하게 될 것이라고 합니다. 도시를 가장 위대한 발명품으로 보든, 위험하고 혼란한 문제 덩어리로 보든지 간에 현대 인류가 도시의 시대에 살고 있음은 부인하기 어렵습니다. 또한 역사는 도시가 인류 문명의 온상지라는 사실을 분명하게 보여 줍니다.

수많은 사람이 모여들어 북적거리는 도시는 그 부작용이 있음에도 혼잡성 자체로 더 많은 사람을 끌어당깁니다. 인간은 사회적 존재이기에 많은 사람과 함께 하고자 하며, 그 과정에서 상호작용하고 협력하며 놀라운 혁신을 이루어 냈습니다. 도시로 모여든 인재들은 혼자 있을 때보다 함께 있을 때 빛나는 역량을 뿜어낼 수 있었지요. 혼잡성에서 비롯된 다양성은 강렬한 화학 작용을 일으키며 혁신의 불꽃을 피워 올렸습니다.

그리하여 도시는 인류와 세계를 이해하기 위한 더없이 흥미롭고 효과적인 소재가 됩니다. 이 책은 세계의 도시를 바탕으로 다양한 인문 교양을 다루었습니다. 인물, 역사, 지리, 종교, 예술, 문학, 문화, 정치, 경제, 수학, 과학, 환경 등에 이르기까지 하나하나의 도시에 숨어 있는 흥미로운 이야기를 쉽고 재미있게 담으려고 노력했습니다. 배경지식이 많지 않은 독자라도 한 장 한 장 읽다 보면 나도 모르게 교양의 수준이 높아지고 세계를 바라보는 눈이 넓어지리라 생각합니다.

이 책에서는 40개 도시 이야기를 5개의 장으로 나누었습니다. 세계의 도시를 고르게 소개하고자 했으나 유럽 도시의 비중이 높고, 예외적으로 피렌체는 1장과 3장에서 두 번 소개했습니다.

 '1장-도시, 예술을 품다'는 미술, 음악, 건축 같은 예술 분야의 혁신을 다룹니다. 예를 들면 이탈리아의 피렌체에서는 역사상 유례가 없을 정도로 많은 천재 예술가가 지적 폭발을 일으키며 르네상스를 이끌었습니다. 피렌체는 천재들이 상호 교류하며 마음껏 창조성을 발휘한 도시였습니다. 프라하와 빈의 음악 이야기, 바르셀로나의 건축 이야기 역시 천재들을 중심으로 이야기가 흥미진진하게 펼쳐집니다. 각 도시가 내뿜는 매력적인 아름다움에 취해 보세요.

 '2장-도시, 역사를 기억하다'에서는 인류 역사에서 가장 중요한 순간을 엿보러 도시로 떠나 봅니다. 예루살렘이 어떻게 세 종교의 성지가 되었는지, 동서양 문명이 만나는 이스탄불은 어떤 이야기를 품고 있는지, 중국과 대만은 어떤 역사를 거쳐 지금에 이르게 되었는지 등 세계의 유명한 도시가 품고 있는 재미있는 이야기를 읽으며 세계를 이해하는 능력을 키울 수 있을 것입니다.

 '3장-도시, 혁신을 이끌다'는 새로운 아이디어가 만든 도시 이야기입니다. 흉물 취급을 받던 파리의 에펠탑 이야기, 사막 한복판에 세워진 기적 같은 도시 두바이 이야기, 실리콘밸리의 멘로파크에서 세상을 바꾼 혁신이 일어난 이야기, 세계에서 가장 유명한 건축물이 만들어진 시드니 이야기 등을 통해 도시에서 일어난 문화의 창조와 기술의 발전 과정을 생생히 엿볼 수 있습니다.

'4장-도시, 자연과 공존하다'에서는 제네바, 울란바토르, 케이프타운과 같이 지리적 위치가 특히 중요한 의미를 지니는 도시를 살펴봅니다. 제네바나 케이프타운, 로바니에미는 특히 아름다운 자연으로 더 유명하지요. 베네치아와 암스테르담, 멕시코시티처럼 자연의 제약을 극복하며 만들어진 도시들의 색다른 이야기도 기대해 주세요.

　'5장-도시, 희망을 꿈꾸다'에서는 어려움을 극복하고 희망을 일군 도시, 미래의 희망을 찾기 위해 노력하는 도시 이야기를 준비했습니다. 더블린과 앵커리지는 불리함을 딛고 부를 일군 성공 스토리를 들려줍니다. 아바나와 부에노스아이레스 이야기에는 어려움을 극복하고 그들만의 개성을 꽃피우기를 바라는 바람을 담았습니다. 푸나푸티와 프라이부르크는 우리 인류 전체의 미래를 생각하게 해 주는 도시 이야기입니다.

　각각의 도시 이야기에는 주된 주제 이외에 다양한 소주제가 포함되어 있습니다. 예를 들면 물의 도시 암스테르담 이야기에서는 주식 시장, 튤립 파동 같은 경제 관련 주제도 다룹니다. 하나의 도시에서 파생될 수 있는 다양한 소재를 짧은 지면에 다루다 보니 깊이 있는 설명이 다소 부족할 수 있습니다. 다만 이 책은 도시를 소재로 흥미로운 이야기를 폭넓게 다루어 이후 또 다른 지식 탐구의 계기가 되기를 바라는 마음으로 썼습니다. 이 책을 통해 특정 분야에 관심을 가지게 되었다면 향후 더 깊이 있는 정보를 찾아 수준 높은 지식을 쌓아가기를 바랍니다.

　이 책은 대륙이나 지리를 기준으로 도시를 분류하지 않았고, 다섯 개장 역시 느슨한 주제로 구성되어 있으니 반드시 순서대로 읽지 않아도 됩니다. 각 도시 이야기는 독립적이므로 궁금한 내용을 먼저 읽거나, 아무 데나 책장을 펼쳐서 읽어도 상관없습니다. 단, 하나의 도시 이야기를 읽기 전에 잠시 세계 지도를 펼쳐 그 도시의 위치를 확인해 보세요. 어느 대륙, 어느 나라의 도시인지 살펴보고 내용을 읽어 보시기 바랍니다. 특히 낯선 도시이거나 위치가 떠오르지 않는다면 꼭 확인해 보세요. 도시의 구체적 위치와 개관을 익힌 후 내용을 읽으면 훨씬 더 깊이 이해할 수 있을 테니까요. 평소 관심 있던 도시이거나 책을 흥미롭게 읽었다면 구글어스에 접속해서 위성지도를 살펴보아도 재미있을 겁니다. 스트리트 뷰를 통해 낯선 도시를 구석구석 걷는 경험을 해보면서 언젠가 그 도시에 진짜 여행 갈 날을 꿈꾸어 보아도 좋겠지요.

자, 이제 준비가 되었다면 세계 도시로 여행을 떠나 봅시다. 시간을 거슬러 다양한 학문 분야를 종횡무진 함께 누비며 여기저기 헤매어 봅시다. 앞에서 도시는 원래 혼란스러운 곳이라고 말했지요? 잘 모르는 곳이더라도, 익숙하지 않은 내용이더라도 용감하게 부딪쳐 봅시다. 우리를 스치며 지나가는 낯선 풍경을 마음껏 즐기면서 새로운 지식의 소낙비를 신나게 맞아봅시다. 여행에서 만나게 될 수많은 사람의 아이디어와 기꺼이 부딪쳐 보세요. 이 책에서 경험하게 될 다양한 만남이 우리 정신에 창조성의 불꽃이 튀게 해줄지도 모르니까요.

차례

5.

**도시,
희망을 꿈꾸다**

1장

도시,
예술을 품다

저 웅장하고 아름다운 대성당의 돔은
대체 누가 만들었을까?

- 영어 이름　　플로렌스Florence
- 국가(대륙)　　이탈리아(유럽)
- 면적　　　　102.41Km^2
- 인구　　　　약 38만 명
- 언어　　　　이탈리아어
- 기후　　　　온대 기후(온난 습윤 기후, 지중해성 기후)
- 대표 관광지　산타 마리아 델 피오레 대성당, 산타 마리아 노벨라 성당, 우피치 미술관, 베키오 궁전
- 키워드　　　르네상스의 발상지, 꽃의 도시, 스탕달 신드롬, 브루넬레스키

산타 마리아 델 피오레 대성당을 중심으로 바라본 피렌체

소설 『적과 흑』의 작가 스탕달은 이탈리아의 피렌체를 여행하던 중 호흡이 곤란해지면서 정신을 잃을 지경에 이릅니다. 피렌체의 예술 작품을 감상하다가 그 아름다움에 압도되었기 때문인데, 그런 증상이 한 달이나 이어졌다고 하죠. 이후로 예술 작품을 보았을 때 순간적으로 흥분 상태에 빠져 호흡 곤란, 마비 등의 증세를 보이는 것을 '스탕달 신드롬'이라 부르게 되었습니다. 스탕달뿐 아니라 피렌체를 방문한 많은 관광객이 집단적으로 이러한 현상을 경험한다는 조사 결과도 있지요. '꽃의 도시'라 불리는 피렌체는 과연 얼마나 아름다운 걸까요?

피렌체는 중세의 문을 닫고 근대의 문을 열어젖힌 르네상스의 발상지입니다. 르네상스는 신 중심의 문화에서 벗어나 고대 그리스, 로마의 인간 중심 문화로 돌아가자는 문화 운동이지요. 우리가 잘 아는 레오나르도 다 빈치, 미켈란젤로, 라파엘로 등의 위대한 예술가가 바로 르네상스 시기에 활약했습니다.

옆에 있는 피렌체 사진을 한번 볼까요? 가장 먼저 압도적인 크기의 둥근 지붕이 보입니다. 산타 마리아 델 피오레 대성당입니다. 흔히 이탈리아어로 성당이라는 뜻의 '두오모Duomo'라 불리는 건축물이지요. 이 아름다

피렌체 세례당에 있는 기베르티의 청동문

운 성당이 완공되기까지 무려 140여 년이 걸렸다고 합니다.

피렌체 시민들은 이탈리아 그 어느 도시의 성당보다 크고 아름다운 성당을 원했습니다. 그러다 보니 처음 설계보다 건물 규모가 점점 커졌고, 지붕의 크기도 같이 커질 수밖에 없었습니다. 문제는 당시의 기술로는 그렇게 큰 돔(지붕이 둥글고 완만한 반구형 건축 구조물)을 세울 수가 없었다는 겁니다. 크기도 크기지만 너무 무거워서 버틸 수가 없었지요. 결국 피렌체 시민들은 지붕이 없는 대성당을 50년이 넘도록 망연자실하게 바라볼 수밖에 없었습니다. 그들은 신에게 기도했습니다. '언젠가는 성당의 돔을 완성할 누군가를 보내주실 거야.'

잠시 장면을 바꿔 볼까요? 피렌체 세례당에는 나무로 만든 오래된 문이 있었는데 이 중 동쪽 문을 청동으로 제작하기로 결정했습니다. 누가 이 문을 만들지 결정하는 공모전이 열렸고, 쟁쟁한 실력의 조각가이자 금세공가 기베르티와 브루넬레스키가 경쟁하게 되었습니다. 두 사람은 동일한 장면을 샘플로 만들어 제출했고, 기베르티가 승리하여 이 청동문을 만들게 되었습니다. 나중에 미켈란젤로가 이 문은 '천국의 문'으로 손색이 없다고 말해 더욱 유명해졌지요.

자신이 지은 돔을 바라보는 브루넬레스키 조각상

그렇다면 공모전에서 패한 브루넬레스키는 어떻게 되었을까요? 필생의 작품이 될 수도 있었던 세례당 문을 만들지 못하게 되어 얼마나 좌절했을까요. 하지만 그는 이에 굴하지 않고 로마로 건너가 고대 건축을 공부했습니다. 판테온 같은 고대 건물을 연구하여 깊은 영감을 받았지요. 자, 드디어 피렌체로 돌아온 브루넬레스키. 그의 앞에 어떤 과업이 기다리고 있을까요?

다시 지붕이 없는 피렌체의 대성당으로 돌아와 봅시다. 그렇습니다! 조각가로서 경쟁에서 패배했던 브루넬레스키는 피렌체 시민들의 오랜 염원이었던 돔 건축을 해냅니다. 그것도 누구도 생각하지 못한 놀랍고 창의적인 방법으로요! 목재 틀도 없이 지은 이 돔은 지름이 45.52미터에 이르는 세계에서 가장 큰 규모의 돔이자 피렌체의 자랑이 되었지요. '천재'라 불린 브루넬레스키는 피렌체를 구해냈으며 이후 르네상스를 이끈 혁신가가 되었습니다.

만약 브루넬레스키가 천국의 문 공모에서 승리했다면 세례당의 문을 조각한 조각가로 남았을 겁니다. 그러나 이때 패배했기에 피렌체의 상징을 건축한 영웅이자 르네상스의 천재로 이름을 날리게 되었지요. 그가 좌절해서 그 자리에 머물렀다면 어떻게 되었을까요? 잊지 마세요! 피렌체의 기적을 만들어낸 브루넬레스키는 패배를 겪은 후 천재로 거듭나게 되었다는 것을요. 지금도 브루넬레스키는 성당 바로 옆에서 자신이 만든 아름다운 돔을 바라보고 있답니다.

바티칸 Vatican

도시 전체가 역사책인
세상에서 가장 작은 나라

- 국가(대륙) 바티칸 시국(유럽)
- 면적 0.44Km²
- 언어 라틴어, 이탈리아어
- 종교 가톨릭
- 기후 온대 기후(지중해성 기후)
- 대표 관광지 성 베드로 대성당, 시스티나 성당
- 키워드 교황청, 성 베드로 대성당, 종교 개혁

바티칸 성 베드로 광장

바티칸은 도시이자 독립된 하나의 국가입니다. 세계에서 가장 작은 나라로 우리나라의 놀이공원인 에버랜드보다 작다고 하네요. 게다가 출산율이 0인 국가, 즉 1년에 아이가 한 명도 태어나지 않는 나라입니다.

바티칸은 교황이 다스리는 국가로 전 세계 가톨릭교회의 중심입니다. 우리나라에서 천주교라고도 불리는 가톨릭은 크리스트교, 즉 기독교의 한 갈래입니다. 크리스트교는 예수 그리스도를 섬기는 종교지요. 처음에는 로마 제국에 탄압당했지만, 후에 로마 제국 전체의 국교가 되면서 온 유럽에 퍼지게 됩니다. 로마가 동서로 갈라진 이후 서로마가 먼저 멸망하게 되는데, 크리스트교는 사라지지 않고 오히려 중세 유럽 문화의 토대가 됩니다. 지금도 유럽 여행을 가면 어디서든 뾰족탑이 솟아오른 교회를 쉽게 볼 수 있습니다.

예수 그리스도의 첫 번째 제자는 베드로(영어 이름은 피터Peter)입니다. 성경에 따르면 예수가 베드로에게 천국의 열쇠를 주었다고 합니다. 그래서 가톨릭에서는 베드로를 첫 번째 교황이라 하고, 이후 교황들을 베드로의 후계자라고 한답니다. 앞에 있는 바티칸 성 베드로 광장을 하늘에서 내려다본 사진을 볼까요? 커다란 열쇠 모양이 보이나요?

공중에서 바라본 시스티나 성당 전경

중세에는 크리스트교가 강력한 힘을 가졌던 만큼 교황의 힘도 대단했습니다. 거대한 영토를 가진 황제가 교황이 머무르는 성 밖까지 찾아가 용서를 구한 일도 있었지요(카노사의 굴욕, 1077년). 지금의 교황은 이때처럼 대단한 정치 권력을 휘두르지는 않지만 여전히 전 세계 가톨릭 수장으로서 권위와 영향력을 지닌, 바티칸 시국의 국가 원수입니다.

교황은 추기경단에서 선출하는데 이 선거 제도를 콘클라베conclave(라틴어로 '열쇠로 문을 잠근 방'이라는 뜻)라고 합니다. 콘클라베는 시스티나 성당에서 이루어지는데, 추기경들은 외부와 차단된 채 이곳에서 빵과 음료만을 제공받으며 회의와 투표를 통해 교황을 뽑습니다. 교황이 선출될 때까지

미켈란젤로가 그린 시스티나 성당 천장화

는 이곳에서 나갈 수 없습니다. 투표 후 교황이 선출되지 않으면 검은 연기, 선출되면 흰 연기를 피워 올린다고 하네요.

바티칸은 도시 전체가 아름다운 르네상스 예술품으로 가득 차 있습니다. 특히 콘클라베가 이루어지는 시스티나 성당의 천장화는 르네상스 회화의 걸작으로 불리는 미켈란젤로의 작품입니다. 시스티나 성당의 천장이 손상되자 교황 율리오 2세는 미켈란젤로를 불러 천장화를 그리도록 명령합니다. 하지만 미켈란젤로는 매우 난감해하면서 그 제안을 거절합니다. 미켈란젤로는 당대 최고의 조각가였지만 프레스코화(벽면에 소석회와 모래를 섞은 회반죽을 바른 후 수분이 마르기 전에 물에 녹인 안료로 그린 벽화)는 그려본 경험이 없었거든요. 그러나 나는 새도 떨어뜨린다는 최고 권력자 교황이 강하게 밀어붙이니, 미켈란젤로는 질질 끌려와 울며 겨자 먹기로 천장화를 그리기 시작합니다. 그리고 무려 4년간 이 천장화에 매달립니다.

천장에 그림을 그린다고 생각해 보세요. 누워서 그렸다, 서서 그렸다

등 여러 가지 설이 있지만 어떤 방법이든 극도로 고된 작업이었을 겁니다. 4년이라는 시간 동안 미켈란젤로는 무슨 생각을 했을까요. '하기 싫다'로 시작된 이 천장화는 마침내 인류가 간직해야 할 최고의 예술 작품으로 완성됩니다. 근육질의 신과 아담이 손가락을 마주 대는 '아담의 창조' 등 성경의 방대한 이야기가 놀라운 규모와 짜임새로 시스티나의 천장에 펼쳐집니다. 원치 않는 일이었지만 미켈란젤로는 자신의 모든 역량과 예술혼을 이곳에 쏟아부은 것입니다. 최선을 다하다 보니 익숙하지 않았던 프레스코화에도 능숙해지며 더욱 완벽을 기하고 싶다는 생각이 들었겠지요. 실제로 시스티나 성당을 가득 채운 이 천장화를 보면 말로 형용할 수 없는 감동에 압도된다고 합니다.

미켈란젤로는 말년에 성 베드로 성당의 건축에도 참여해 천재적인 능력을 발휘합니다. 성 베드로 성당을 다시 짓기로 결정한 사람 역시 미켈란젤로에게 시스티나 성당의 천장화를 맡긴 율리오 2세입니다. 성당을 새로 짓는 데 천문학적인 공사비가 들자 교황청은 면벌부 판매를 늘리게 됩니다. 면벌부는 쉽게 말해 돈을 받고 벌을 면해 준다는 증서입니다. 교황청이 돈을 벌기 위해 수단과 방법을 가리지 않았음을 보여 주지요.

1517년 독일의 루터는 교황청의 부정부패에 맞서 '95개조 반박문'을 발표하고 이로써 종교 개혁이 촉발됩니다. 결국 크리스트교는 구교(로마 가톨릭)와 신교(개신교)로 나뉘지요. 같은 신을 믿는 두 종교는 이후로 오랜 세월 동안 많은 피를 흘리며 긴 싸움을 하게 됩니다.

성 베드로 대성당

    인류에게 남겨진 최고의 예술, 문화유산의 이면에 신을 앞세워 돈과 권력을 추구한 어두운 그림자가 함께 드리워져 있다는 것, 또 그로 인해 하나의 종교가 나뉘어 다투게 된 사연은 역사와 예술의 아이러니를 보여줍니다.

프라하 Praha

교향시 <몰다우>를 들으면
가슴이 뜨거워지는 이유는?

- 국가(대륙)   체코(유럽)
- 면적   496Km^2
- 인구   약 130만 명
- 언어   체코어
- 기후   온대 기후(온대 대륙성 기후)
- 대표 관광지   프라하성, 카를교, 카를 대학교
- 키워드   보헤미아, 블타바강, 스메타나

프라하의 블타바강 위의 카를교

프라하로 떠나기 전 잠시 유튜브에 들어가 '스메타나 나의 조국 중 몰다우'라고 검색해 보세요. 동영상 목록이 나오면 그중에서 10~15분 길이의 음악 영상을 고르면 됩니다. 스메타나는 체코의 음악가로, 1874년에서 1879년 사이에 여섯 곡으로 이루어진 연작 교향시 〈나의 조국〉을 작곡했습니다. 그중 가장 유명한 작품이 〈몰다우〉입니다. 몰다우는 프라하를 흐르는 블타바강의 독일어 이름입니다. 그렇다면 이 음악은 프라하의 블타바강에서 영감을 받아 만들어졌겠지요?

자, 이제 음악을 감상해 봅시다. 잠시 눈을 감아 볼까요? 청아한 플루트 선율이 햇빛에 반짝이며 흐르는 물줄기를 연상시킵니다. 깨끗한 강물이 졸졸 흐르는 것 같지요. 목관 악기로 표현된 두 개의 물줄기가 소용돌이치며 합류합니다. 처음에는 작은 소용돌이였다가 점차 규모가 커지는 게 느껴집니다. 현악기와 목관 악기가 합쳐지며 이제 커다란 흐름이 된 블타바강은 프라하를 가로지르며 장엄하게 흐릅니다. 이 클라이맥스에서는 코끝이 시큰해지기까지 합니다.

스메타나의 이 곡은 아름다운 프라하를 배경으로 유유히 흐르는 블타바강을 눈에 보이듯 묘사합니다. 서정적인 선율은 우리의 마음을 움직이

1848년 오스트리아 제국에 맞서 일어난 프라하 혁명 운동

지요. 그런데 우리는 스메타나의 음악을 들을 때 아름답다는 감정을 넘어 묘하게 가슴 벅찬 감동을 느끼게 됩니다. 오랜 역사의 부침을 겪은 도시와 그 역사를 지키며 무심하게 흘러온 큰 강줄기. 자연스럽게 한강이 떠오릅니다. 우리나라 사람들이 특히 이 곡을 좋아하는 건 우연이 아닐 겁니다.

스메타나는 체코의 민족주의 음악가입니다. 체코는 오래전부터 보헤미아라고 불린 지역으로, 중세 시대 보헤미아 왕국이 현대 체코의 전신이라 할 수 있습니다. 보헤미아 왕국은 신성로마제국의 일부였는데, 특히 보헤미아의 왕이자 동시에 신성로마제국의 황제였던 카를 4세는 프라하

체코의 민족주의 음악가 스메타나

를 중부 유럽의 중심지로 만듭니다. 프라하의 관광 명소인 카를교, 카를 대학교를 카를 4세가 세웠고 프라하성, 성 비투스 성당 역시 이때 완성됩니다.

이후 전쟁에서 패배한 보헤미아는 합스부르크가의 통치를 받게 됩니다. 오스트리아 제국의 지배로 이어지는 가운데 체코에서는 민족주의 운동이 확산됩니다. 1848년 프라하에서 혁명 운동이 일어나자 스메타나는 국민 의용군에 가담해 행진곡을 작곡하면서 민족 의식에 눈을 뜹니다. 그는 민족 운동의 중심에 서서 지휘, 작곡, 평론 분야에서 활발히 활동하면서 체코 국민 음악의 기초를 닦았습니다. 스메타나는 음악을 통해 독립 운동을 한 셈입니다.

스메타나는 병환이 깊어지고 점차 귀가 멀어 가면서도 작곡 활동을 멈추지 않았습니다. 그는 귀가 완전히 들리지 않는 상태에서 〈몰다우〉를 작곡했습니다. 우리가 〈몰다우〉를 들으며 깊은 감동을 느끼는 것은 이 곡에서 자신이 태어난 고향의 아름다운 자연을 바라보는 애정 어린 시선, 조국에 대한 사랑이 느껴지기 때문일 겁니다. 교향시 〈나의 조국〉에서 나라에 대한 사랑과 민족의 정체성을 찾고자 하는 그의 노력을 엿볼 수 있습니다.

그러나 안타깝게도 체코는 이후로도 긴 시간 동안 역사의 부침을 겪습니다. 제2차 세계 대전 시기에 나치 독일에 합병되기도 했고, 1968년에 일어난 '프라하의 봄'이라 불리는 개혁 운동은 소련의 무력 개입으로 좌절되었지요. 하지만 굽힐 줄 모르는 보헤미아인들은 결국 1989년 벨벳 혁명을 통해 자유 민주 정부를 탄생시킵니다.

이제 〈몰다우〉를 들을 때 느껴지는 묵직한 감동의 정체를 알아차렸나요? 오랜 세월 우리 민족의 역사를 묵묵히 지켜 온, 블타바강 못지않게 아름다운 한강에는 어떤 음악이 어울릴지도 한번 상상해 보세요.

빈 | Wien

도시 전체가
아름다운 음악이 되는 곳

- 영어 이름   비엔나
- 국가(대륙)   오스트리아(유럽)
- 면적   414.65Km^2
- 인구   약 190만 명
- 언어   독일어
- 기후   서안 해양성 기후
- 대표 관광지   쇤브룬 궁전, 슈테판 대성당, 호프부르크 왕궁
- 키워드   모차르트, 베토벤

왕가의 궁전이었다가 현재는 대통령 집무실로 쓰이고 있는 호프부르크 왕궁

오스트리아의 수도 빈은 중부 유럽의 오랜 중심지로 중세 유럽의 아름다운 경관을 간직한 곳입니다. 오스트리아는 우리나라의 서울보다 작은 나라인데, 전 국토의 약 50퍼센트가 공원과 같은 녹지로 이루어져 있습니다. 빈은 세계에서 가장 살기 좋은 도시를 꼽을 때 항상 상위권에 꼽히는 도시입니다. 깨끗하고 아름다운 환경, 편리한 대중교통, 안정적인 주거 환경, 다양한 문화생활 등 여러 분야에서 세계 최고라고 하지요.

빈은 특히 음악의 도시로 유명합니다. 하이든, 모차르트, 베토벤, 슈베르트, 브람스, 말러 등 이름만 들어도 쟁쟁한 최고의 음악가들이 빈에서 활동했습니다. 특히 모차르트와 베토벤은 우리가 흔히 클래식이라 부르는 고전음악을 완성한 대가로 널리 알려져 있습니다.

모차르트가 1756년에, 베토벤이 1770년에 태어났으니 모차르트가 베토벤보다 14년 정도 앞선 선배인 셈입니다. 모차르트는 오스트리아 잘츠부르크에서 태어나 수도인 빈으로 옮겨 활동했습니다. 베토벤은 독일 본에서 태어나 모차르트가 사망한 다음 해에 빈으로 오게 되지요. 사실 베토벤은 모차르트가 살아 있을 때 빈에 방문한 적이 있습니다. 이때 두 사람이 만났을 가능성도 있지만 정확히 알 수는 없습니다. 확실한 건

빈 중심가의 부르가르텐 공원에 서 있는 모차르트 동상

베토벤이 모차르트에게 광범위한 영향을 받았다는 것입니다.

모차르트의 별명은 '음악의 신동'입니다. 그는 천재의 대명사인데, 워낙 어릴 때부터 두각을 드러냈고 서른다섯 살이라는 젊은 나이에 세상을 떠났기 때문에 신동의 이미지가 강합니다. 세 살 때 누나가 건반을 치는 모습을 보고 혼자 하프시코드(피아노 이전에 사용되던 건반 악기로 강약 조절이 불가능하다)를 터득했고, 다섯 살에 작곡을 시작했다는 이야기가 전설처럼 내려옵니다.

당시 바티칸의 시스티나 성당에서 매년 연주되는 〈미제레레Miserere〉라는 성가가 있었는데요, 곡의 구성이 복잡한 데다 10분이 넘는 긴 곡인데 교황청은 이 아름다운 성가의 악보를 절대 외부로 반출하지 않았다고 합니다. 성당 밖에서는 이 성가를 들을 수 없었지요. 그런데 열네 살의 모차르트가 이 곡을 한 번 들은 후 그대로 악보에 옮겨 적었다고 합니다. 교황조차 모차르트의 천재성에 감탄했다고 하지요. 또 모차르트가 작곡할 때는 머릿속에서 곡을 완성한 후 한번에 오선지에 써 내려갔다는 말도 전해집니다.

클래식을 잘 알지 못하는 사람도 어디선가는 모차르트의 음악을 들어 본 적이 있을 겁니다. 영화, 드라마, 광고 등 온갖 음악이 활용되는 곳에 모차르트가 있지요. 그의 선율은 마치 천상에서 천사가 춤추는 듯합니다. 하늘에서 들려오는 순수하고 맑은 완벽한 음악 같아요. 그래서 그의 이미지는 우리에게 여전히 천재 소년으로 남아 있는 것이 아닌가 싶습니다. 모차르트는 짧은 생애 동안 교향곡, 협주곡, 독주곡, 오페라, 종교 음악 등 장르를 가리지 않고 무려 626편의 곡을 썼다고 합니다.

베토벤은 악성樂聖이라 불리는 클래식의 거장입니다. 악성은 음악의 성 인이라는 뜻이니 음악사에 그가 미친 영향을 짐작해 볼 수 있습니다. 베토벤은 하이든과 모차르트가 만든 고전음악의 체계를 완성함과 동시에 낭만주의의 장을 열었다는 평을 받습니다.

모차르트의 음악이 천상의 아름다움이라면 베토벤의 음악은 철학자의 고뇌와 성찰, 깨달음으로 다가옵니다. 이는 베토벤이 청력을 상실한 상황과 관련이 있어 보입니다.

음악가에게 귀가 들리지 않는다는 것은 사형 선고나 다름없는 일이었 습니다. 그는 귀가 멀어 가는 상황에서도 작곡을 멈추지 않았습니다. 이 때문에 괴팍하고 까탈스러운 사람으로 보여졌지만 그의 음악과 생각은 더 깊고 풍부해졌지요. 모차르트가 머릿속에 떠오른 악상을 단숨에 적어 내려갔다면 베토벤은 작품을 고치고 또 고치면서 완벽하게 만들어 나갔습니다. 그가 적은 악보는 다른 사람이 알아보기 어려울 정도였다고 하지요. 그래서 작품 수가 상대적으로 많은 편은 아니라고 합니다.

베토벤 〈교향곡 제9번〉은 그의 마지막 교향곡으로 청력을 완전히 상실한 후에 쓴 걸작입니다. 원래 교향곡은 대개 관현악만으로 이루어지는데 베토벤은 마지막 4악장에 성악을 넣어 일반적인 교향곡의 형식을 깨 버립니다. 〈교향곡 제9번〉은 '합창' 교향곡으로 널리 알려져 있지요. 빈에서 열린 초연에서 베토벤은 귀가 들리지 않는 상태로 정식 지휘자와 함께 지휘봉을 잡았습니다. 연주가 끝난 후 그는 초연이 실패했다고 생각해 관중을 돌아보지 않았다고 합니다. 이때 알토 가수가 나와 베토벤의 손을 잡아 몸을 돌렸고, 베토벤은 자신을 향해 열렬히 환호하는 관중을 보게 되었지요.

모차르트와 베토벤의 시대는 10년 남짓 차이가 나지만 두 거장은 상당히 다른 시대를 살았습니다. 당시 유럽이 커다란 변화의 물결에 휩싸여 있었기 때문이죠. 모차르트 시대까지 음악가는 궁정에서 활동하거나 귀족을 위해 음악을 해야 했습니다. 위대한 바흐와 하이든도 자신을 고용한 왕과 귀족을 위해서만 음악을 만들 수 있었죠. 이들은 자신의 음악을 했다기보다는 고용주의 필요에 따라 작곡을 했습니다.

반면 베토벤은 프리랜서 음악가였습니다. 귀족에게 고용되지 않아 자신의 음악을 만들 수 있었고 출판사에 악보를 팔 수도 있었습니다. 자본주의가 무르익고 많은 사람들이 음악을 즐기게 되면서 베토벤은 자유롭

쇤브룬 궁전에서는 빈 필 오케스트라가 5월 또는 6월에 무료 야외 음악회를 연다.

게 작곡하고 돈을 벌 수 있었습니다. 모차르트는 어렸을 때 연주 여행을 다니면서 궁정에서 왕과 귀족 앞에서 연주했습니다. 반면 베토벤은 자신의 음악을 들으러 찾아온 관객 앞에서 공연할 수 있었지요. 모차르트가 좀더 오래 살았다면 그야말로 물 만난 물고기처럼 자유롭게 음악을 만들지 않았을까요?

혹자는 모차르트와 베토벤 중 누가 더 위대한지 논하곤 합니다. 이처럼 의미 없는 비교가 있을까요. 모차르트와 베토벤이 인류에 준 유산은 값을 매길 수 없습니다. 그들의 음악은 우리의 정신과 문화를 풍요롭게 해주었고 여전히 많은 이들에게 시공을 초월한 깊은 감동을 줍니다.

오스트리아 빈 시내의 공중 전망

다만 개인의 취향에 따라 더 좋아하는 작곡가가 있겠지요. 또는 상황에 따라 더 아름답게 들리는 곡도 있을 겁니다. 혹시 클래식에 별로 관심이 없었다면 모차르트와 베토벤의 음악을 한번 들어 보면 어떨까요. 선택하기 어렵지만, 두 거장의 작품을 몇 가지 추천해 보겠습니다.

모차르트의 작품으로는 〈클라리넷 협주곡 A장조 K.622 제2악장 아다지오〉를 추천합니다. 작품명의 'K.622'는 루트비히 폰 쾨헬이 모차르트의 곡을 연대순으로 정리해서 붙인 번호로 '쾨헬 번호'라고 합니다. 쾨헬 번호가 626번까지 있으니 이 곡은 모차르트의 후기 작품이라 볼 수 있습니다. 클라리넷의 폭넓고 다채로운 선율이 중심을 이루는 이 협주곡은 서정적인 아름다움 때문에 많은 사람들에게 사랑받는 곡입니다.

베토벤의 작품으로는 〈피아노 협주곡 5번 Op.73 '황제' 2악장〉을 추천합니다. 우아하고 아름다우면서도 강건한 웅장함을 느낄 수 있는 이 곡은 연주자에 따라 낭만적으로 느껴지기도 합니다. '월광 소나타'나 '운명 교향곡' 같은 이름은 베토벤 사후에 붙었지만, '황제'는 악보 출판업자가 이 곡의 느낌에 맞추어 지었다고 합니다. 'Op.73'은 베토벤의 작품번호 73번이라는 뜻인데, 베토벤의 악보를 낸 출판사에서 매긴 번호입니다.

마지막으로 베토벤의 〈합창 교향곡 4악장〉에서 합창이 쏟아져 나오는 부분을 들어 보시죠. 귀가 들리지 않는 채로 자신의 걸작을 지휘하는 베토벤의 모습을 떠올리면 한 인간의 위대한 승리에 절로 눈시울이 붉어지는 경험을 할지도 모릅니다.

안트베르펜 Antwerpen

넬로는 마지막 순간에
루벤스의 그림에서 무엇을 보았을까?

- **(영어 이름)**   앤트워프 Antwerp
- **국가(대륙)**   벨기에(유럽)
- **면적**   204.51Km^2
- **인구**   약 52만 명
- **언어**   네덜란드어, 프랑스어
- **기후**   서안 해양성 기후
- **대표 관광지**   성모 마리아 대성당, 루벤스 하우스, 그로테 마르크트
- **키워드**   플랜더스의 개, 루벤스, 플랑드르 지방

해 질 녘의 안트베르펜 전경

『플랜더스의 개』는 어린이에게 널리 읽히는 동화로 많은 이들을 눈물짓게 만드는 작품입니다. 영국 소설가 위다가 1872년에 발표한 이 작품은 기성세대에게는 TV 만화로 더 잘 알려져 있는데, 일본에서 제작한 애니메이션이 인기를 끌면서 아시아권에서 특별히 더 사랑받는 작품이 되었다고 합니다.

'플랜더스Flanders'는 영어로 표현한 지명이고, 프랑스어로는 '플랑드르Flandre'라고 부릅니다. 플랜더스 또는 플랑드르는 저지대라는 뜻입니다. 현재의 플랑드르 지방은 벨기에 북부 지역을 가리키는데 시대에 따라 그 영역은 조금씩 변해 왔습니다. 중세 시대의 플랑드르 지방은 벨기에 북서부와 프랑스 남부, 네덜란드 남부 일부를 포함했다고 합니다.

소설의 주인공 넬로는 할아버지와 함께 플랑드르 지방 안트베르펜 인근의 작은 마을에 살고 있었습니다. 그들은 어느 날 죽기 직전에 버림받은 개를 발견해 보살펴 주고 파트라슈라는 이름을 지어 줍니다. 파트라슈는 자신을 구해 준 할아버지, 넬로와 함께 우유 배달을 합니다.

넬로에게는 알로이즈라는 여자 친구가 있었습니다. 하지만 알로이즈의 아버지는 딸이 가난한 넬로와 어울리는 것을 몹시 싫어합니다. 그러

페테르 파울 루벤스, 〈십자가에서 내림〉,
1611~1614년

던 중 알로이즈네 방앗간에 불이 나고 넬로가 범인으로 의심받는 사건이 발생합니다. 엎친 데 덮친 격으로 할아버지까지 돌아가시자 집주인은 넬로를 집에서 쫓아냅니다.

그림에 재능이 있던 넬로는 미술대회에 작품을 내지만 당선되지 않자 희망을 잃어버립니다. 추운 거리를 배회하던 넬로는 크리스마스 밤 파트라슈와 함께 문이 열린 성당 안으로 들어가 그토록 보고 싶어 하던 그림을 보고 기뻐합니다. 다음 날 넬로와 파트라슈는 성당 제단 앞에서 함께 죽은 채 발견됩니다. 미술대회 심사위원은 넬로가 자신이 찾던 천재 소년이었다며 안타까워합니다.

동화라고 하기에는 너무나 비극적인 내용이지요. 착하고 재능 있는 소년과 충성스러운 개가 잘 자라 꽃을 피워 보기도 전에 모두의 무관심 속에서 배고픈 채로 얼어 죽다니요. 그나마 이 이야기에서 위안이 되는 것은 넬로가 죽기 직전 그동안 돈이 없어 보지 못했던 그림을 볼 수 있었다는 것입니다.

성모 마리아 대성당 앞의 루벤스 동상

넬로가 그토록 보고 싶어 했던 그림은 안트베르펜 출신의 거장 루벤스의 작품 〈십자가에서 내림〉입니다. 그렇다면 넬로와 파트라슈가 숨을 거둔 곳은 루벤스의 이 작품이 있는 안트베르펜의 성모 마리아 대성당일 것입니다.

루벤스가 활동했던 안트베르펜은 플랑드르 지방의 중심 도시 중 하나였습니다. 플랑드르는 양모 산업이 발달하면서 유럽에서도 매우 중요한 지역이 되었습니다. 특히 상업이 발달하고 해상 교역의 중심지로 성장하면서 커다란 부를 일구었지요. 경제적 풍요로 인해 이 지역은 예술의 중심지가 되는데, 플랑드르의 예술적 성취를 이탈리아 르네상스와 비교하

성모 마리아 대성당 앞 광장의 넬로와 파트라슈 동상

여 '북유럽 르네상스'라 합니다. 유럽 대부분의 지방에서는 왕실 일가나 귀족만이 초상화를 그릴 수 있었지만 플랑드르에서는 성공한 상공업자들이 초상화로 당당하게 자신을 표현했습니다.

루벤스는 17세기 바로크 시대 최고의 화가입니다. 화가를 꿈꾸던 넬로에게 자신이 사는 지역에서 활동하여 대성공을 거둔 루벤스는 꿈같은 존재였겠지요. 극적이고 역동적인 구도, 화려한 색채, 빛과 어둠을 자유롭게 활용한 루벤스의 작품은 당대에도 큰 사랑을 받았습니다. 그는 유럽 각국의 왕실에서 특별한 대우를 받으며 대사로 활동하기도 했습니다.

성모 마리아 대성당에는 루벤스의 걸작 〈십자가를 세움〉이 있고, 그 건

성모 마리아 대성당 내부

너편에 넬로가 마지막으로 본 〈십자가에서 내림〉이 있습니다. 예수 그리스도가 인류를 위해 십자가에 못 박히고 희생하는 장면을 묘사한 걸작 앞에서 사람들은 찬탄하고 감동해 마지않았습니다. 그 사람들이 힘없는 소년과 개를 박대했음을 신은 알고 계셨을까요? 지금도 루벤스의 이 그림을 보려면 돈을 내야 한다고 합니다.

교토 京都

칼의 도시인가,
선禪의 도시인가?

- 국가(대륙) 일본(동아시아)
- 면적 827.34Km²
- 인구 약 144만 명
- 언어 일본어
- 기후 온대 계절풍 기후
- 대표 관광지 긴카쿠지(금각사), 기요미즈데라, 니조성, 료안지
- 키워드 막부, 전국시대, 가레산스이

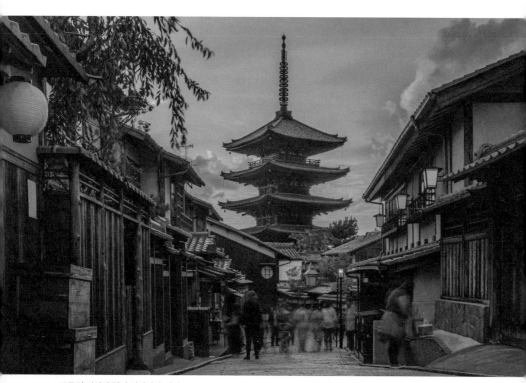

교토의 야사카 탑과 산넨자카 거리

교토는 794년 헤이안 시대에 수도가 된 이래 메이지 유신 때 도쿄로 천도하기까지 1,000년이 넘는 세월 동안 일본의 수도였습니다. 교토라는 이름 자체가 수도를 의미하지요. 현재 일본의 수도인 도쿄東京는 동쪽의 수도라는 뜻입니다. 도쿄가 교토의 동쪽에 있거든요.

교토는 천년의 고도답게 도시 전체가 문화 유적으로 가득하고 일본의 독특한 정취가 물씬 풍기는 곳입니다. 도쿄나 오사카가 고층 빌딩으로 가득한 대도시라면, 교토는 잘 보존된 나지막한 전통 건물과 수많은 사원, 자연 그대로의 매력을 즐길 수 있는 도시입니다. 제2차 세계 대전 막바지에 미국이 교토에 원자폭탄을 투하하려다가 도시의 역사적 의미를 고려해 장소를 변경했다는 이야기가 전해집니다.

일본의 천황은 그 계보가 한 번도 끊어지지 않고 지금까지 이어져 왔다고 합니다. 그런데 실제로 천황이 통치한 시기는 길지 않습니다. 헤이안 시대 중기부터는 무사 정권이 권력을 잡는데 이를 '막부'라 하고, 막부의 우두머리를 '쇼군'이라 불렀습니다. 천황은 그저 상징적인 존재였지요. 흥미로운 점은 쇼군이 정권을 잡더라도 자신이 천황이 되려 하지는 않았다는 것입니다.

교토의 긴카쿠지(금각사)

교토의 긴카쿠지金閣寺는 무로마치 막부의 3대 쇼군 아시카가 요시미쓰가 별장 용도로 지은 건물입니다. 화려하게 빛나는 자태를 보면 당시 막부와 쇼군의 권력이 얼마나 대단했는지 실감하게 됩니다. 이곳은 쇼군 사후에 절이 되었습니다. 현재의 모습은 화재로 소실된 후 복원한 것으로 건물 전체에 20킬로그램의 금을 입혔다고 합니다.

무로마치 막부가 무너진 후에는 지방 영주인 다이묘와 사무라이가 난립한 전국시대가 펼쳐집니다. 오다 노부나가가 뛰어난 전략으로 혼란스러운 전국시대를 거의 평정했으나 통일을 목전에 두고 죽임을 당합니다. 그의 뒤를 이어 통일을 이룬 사람이 바로 도요토미 히데요시인데, 임

천황의 왕궁이 내려다보이는 곳에 자리한 도쿠가와 이에야스의 거처였던 니조성

진왜란을 일으킨 장본인입니다. 일본을 통일한 후 국내의 불만을 잠재우기 위해 조선을 침략했으나 실패했지요. 그가 사망한 후 도쿠가와 이에야스가 정권을 잡으며 에도 막부를 세웁니다(에도는 현재 도쿄의 옛 이름).

　일본을 통일한 세 사람에 대한 유명한 비유가 있습니다. 울지 않는 두견새를 울게 하는 방법으로 노부나가는 두견새를 죽여버리고, 히데요시는 울도록 만들고, 이에야스는 울 때까지 기다린다는 것입니다. 세 사람의 성향을 함축적으로 잘 나타낸 비유입니다.

　일본의 역사를 '칼의 역사'라고 은유적으로 표현하기도 합니다. 대부분의 시기에 무사들이 정권을 잡았고 끊임없이 전쟁이 벌어졌으니까요. 그

료안지의 가레산스이 정원

런데 여기에 완전히 다른 일본이 있습니다.

료안지龍安寺는 유네스코 세계 문화유산으로 교토에 있는 선종 사원입니다. 선종은 좌선이나 참선을 통한 깨달음을 중시하는 불교의 일파입니다. 동양의 명상 문화를 좋아하는 서양에는 선禪이 일본 발음인 '젠zen'이라고 알려져 있습니다.

료안지는 돌과 모래로 꾸민 정원으로 유명한데, 이것을 '가레산스이枯山水'라고 합니다. 이 정원은 가로 약 25미터, 세로 약 10미터의 직사각형 형태입니다. 하얀 모래 위에 열다섯 개의 이끼 긴 돌이 배열되어 있는데, 모래는 물의 흐름을 의미합니다. 관람자는 어느 쪽에서 보더라도 한 번에 열다섯 개의 돌을 모두 볼 수 없게 설계되어 있습니다. 이 정원의 정확한 의미는 알 수 없으나, 우주와 자연을 상징한다고도 하고, 세상의 모든 것을 알 수도 가질 수도 없는 인간의 불완전성을 의미한다고 해석하기도 합니다. 극도로 절제된 공간미로 인해 마치 추상화처럼 보는 사람에 따라 다른 느낌을 받을 수 있습니다.

일본의 선禪 정원은 고요히 앉아 정원을 바라보며 명상을 통해 깨달음을 얻는 곳입니다. 고요함, 평화, 관조, 깨달음이 이곳과 어울리는 단어지요.

문득 칼과 무사의 나라인 일본과 이토록 우아한 정원을 지닌 일본이 어떻게 공존할 수 있는지 궁금해집니다. 인간이 세상을 완전히 가질 수 없음을 깨달은 사람들과 전국시대를 통일하기 위해 서로를 베고 다투던 사무라이들은 모두 일본인입니다. 한 사회를 하나의 잣대로만 바라보아서는 그 사회를 제대로 이해할 수 없음을 다시금 느끼게 됩니다. 교토는 칼의 도시일까요, 선의 도시일까요. 둘 다 보아야 일본을 제대로 이해할 수 있을 것입니다.

바르셀로나 Barcelona

직선은 인간의 선이고
곡선은 신의 선이다

- **국가(대륙)**   에스파냐(유럽)
- **면적**   101.9Km^2
- **인구**   약 160만 명
- **언어**   에스파냐어
- **기후**   지중해성 기후
- **대표 관광지**   사그라다 파밀리아 성당, 구엘 공원, 카사 밀라
- **키워드**   안토니 가우디, 사그라다 파밀리아

우뚝 솟아오른 사그라다 파밀리아 성당이 보이는 바르셀로나 전경

바르셀로나를 방문하는 사람이라면 누구나 이 사람의 작품을 보러 갈 겁니다. 사람들은 그를 가리켜 건축의 신이라 부르죠. 바로 스페인의 천재 건축가 안토니 가우디입니다. 가우디는 지금의 바르셀로나를 만든 사람이라 해도 과언이 아닙니다. 바르셀로나에 있는 가우디의 건축물 중 무려 일곱 작품이 유네스코 세계문화유산에 지정되어 있거든요. 우리나라 전체 유네스코 세계문화유산이 열세 건인데 한 도시에 있는 한 사람의 작품이 일곱 건이나 지정되었다니 가우디는 대단한 건축가임이 틀림없네요.

가우디는 1852년 에스파냐의 카탈루냐 지방에서 태어났습니다. 그는 어릴 때부터 몸이 무척 약해서 학교를 제대로 다니거나 친구들과 뛰어놀 수 없었어요. 혼자 있을 때가 많았던 그는 숲속에서 자연을 관찰하거나 생각에 빠져드는 경우가 많았다고 하지요. 이때의 경험은 이후 그의 건축 양식에 큰 영향을 미칩니다.

크면서 건강을 회복한 가우디는 바르셀로나에 있는 건축 학교에 들어갑니다. 학교에서 그는 낙제점을 받기 일쑤인 괴짜 학생이었습니다. 졸업식에서 학장은 "우리가 이 졸업장을 천재에게 주는지, 괴짜에게 주는

구엘 공원에서 내려다본 바르셀로나 도시 전망

지 잘 모르겠다. 시간이 흐르면 알게 될 것이다"라고 말했다고 합니다.

1878년 가우디는 파리 만국박람회에 참가하는 한 양말 제작업체에게 의뢰받아 유리를 비롯한 여러 재료를 이용해 특별한 진열장을 제작합니다. 박람회장을 둘러보던 바르셀로나 최고 부자 구엘 백작은 이 제품 진열장을 보고 깊은 인상을 받습니다. 그는 진열장을 제작한 사람을 수소문해 직접 만나지요. 예술적 안목이 뛰어난 구엘은 이제 막 세상에 나온 젊은 가우디의 가능성을 알아보고 그를 지원할 것을 약속합니다. 그리고 이후 가우디가 수많은 걸작을 만들어 내는 데 가장 중요한 역할을 합니다.

세계문화유산으로 지정된 까사 밀라(라 페드레라)

가우디가 구엘을 위해 만든 구엘 공원, 구엘 궁전, 구엘 성당 등은 모두 유네스코 세계문화유산으로 지정되어 있습니다. 가우디는 다른 비운의 천재 예술가들과는 달리 자신을 전적으로 믿고 지원하는 구엘을 만나 마음껏 천재성을 발휘할 수 있었습니다. 한편 구엘은 가우디를 통해 영원히 바르셀로나에 이름을 남겼지요. 가우디와 구엘의 만남은 예술사에 남을 귀한 만남 중 하나입니다.

가우디는 어디에서도 볼 수 없는 독창적이고 개성이 넘치는 놀라운 작품들을 만들었습니다. 가우디가 만든 공간은 마치 다른 차원의 세상같이 느껴집니다. 일반적인 건축과는 달리 알록달록한 색채, 자유로운 곡선이

도심 한가운데 있는 사그라다 파밀리아 성당

어우러져 독특하고 화려한 모습을 보여 줍니다. 특히 그는 자연에서 영
감을 받아 작품을 만든 것으로 유명합니다.

구엘 공원의 사진을 보면 전면의 화려하게 장식된 구불구불한 의자가
눈에 띕니다. 가우디는 화려한 색채의 타일을 장식으로 자주 활용했는
데, 기존의 타일을 깨서 재구성해 일일이 다시 붙였다고 합니다. 동화 속
의 과자 집 같은 건물, 화려한 도마뱀 분수, 고대 그리스 신전처럼 기둥이
많은 건축물과 아름다운 산책로 등 누구도 상상하기 힘든 환상적인 공간
이 마법처럼 펼쳐집니다.

가우디 최고이자 최후의 건축물은 바르셀로나의 상징 '사그라다 파

사그라다 파밀리아 성당 내부

밀리아 성당'입니다. 이 성당은 1882년 착공해 2026년 완공을 목표로 140년이 넘도록 짓고 있는 건물입니다. 2026년을 목표로 한 것은 그때가 가우디가 사망한 지 100년이 되는 해이기 때문이라고 하죠.

언뜻 보아도 압도적인 이 건물은 마치 거대한 옥수수 여러 개가 서 있는 듯합니다. 건물의 외관은 마치 종유석이나 석순처럼 흘러내리는 듯, 스스로 자라는 듯한 독특한 모습을 보여 줍니다. 가우디는 곡선을 자유롭게 사용하면서 개성 있는 건축물을 만들었는데, 이 성당에서도 곡선이 매우 인상적입니다.

가우디가 곡선을 단순히 미적으로만 활용한 것은 아닙니다. 높은 건물을 지으려면 중력에 도전해야 합니다. 가우디는 현수선을 활용해 중력을 이겨내는 형태를 만들어 냅니다. 실을 양쪽에 고정하면 중력에 의해 부드럽게 아래쪽으로 곡선이 생기는데, 이 곡선을 뒤집은 형태의 아치를 활용해 중력을 견디는 높은 건축물을 만든 것입니다.

"자연은 신이 만든 건축이며, 인간의 건축은 자연을 배워야 한다."

가우디가 남긴 말입니다. 신과 자연에 가까이 가려 했던 천재 건축가의 꿈은 지금도 계속되고 있습니다. 어쩌면 사그라다 파밀리아는 완성을 향해 가는 과정 자체로 가우디가 남긴 최고의 문화유산인지도 모릅니다.

2장

도시,
역사를 기억하다

예루살렘Jerusalem

사랑으로 넘쳐나야 할 땅이
어쩌다 세계의 화약고가 되었을까?

- 국가(대륙) 이스라엘(서아시아)
- 면적 6,183Km²
- 인구 약 121만 명
- 언어 히브리어
- 기후 사막 기후
- 대표 관광지 올드 시티, 성전산, 통곡의 벽, 바위 돔, 성묘 교회
- 키워드 아브라함, 유대인, 팔레스타인

예루살렘의 성전산과 통곡의 벽

여러분은 신의 존재를 믿나요? 과학 기술이 발달하면서 무신론자가 점차 많아지고 있지요. 하지만 인류는 문명이 발생하기 이전부터 신을 믿어 왔습니다. 규칙적으로 해와 달이 뜨고 지는 일, 밤하늘에 쏟아질 듯 반짝이는 별들, 무서운 홍수와 가뭄, 천둥과 번개 등 만물은 놀랍고도 두려운 일로 가득했습니다. 인류는 이 모든 신비를 신이 존재하기 때문이라고 이해했습니다. 세계 곳곳에서 각기 다른 신과 문화가 탄생했지요.

대부분의 지역에서는 여러 신을 믿었는데 이를 다신교라고 합니다. 태양신이 있고 달의 신이 있지요. 강의 신도 있고 바다의 신도 있습니다. 어떤 부족은 곰을 신으로 모셨고, 다른 부족은 호랑이를 신으로 섬겼습니다. 그리스 로마 신화나 북유럽 신화의 신들은 서로 사랑하고 싸우고 질투합니다. 온 세상이 신으로 가득했지요.

그러나 사막으로 둘러싸인 황량한 지역에 사는 한 무리의 사람들은 달랐습니다. 그들은 유일신, 즉 단 하나의 신만을 섬겼습니다. 그들의 신은 온 세상을 창조했고 전지전능했으며 인간과 같은 모습을 하고 있었습니다. 인간처럼 기뻐하고 슬퍼하고 화내며 질투하기도 했지요.

유일신을 믿은 사람 중 가장 유명한 이가 아브라함입니다. 메소포타미아 지방에 살던 아브라함에게 어느 날 하나님이 나타나 이렇게 말씀합니다.

"내가 너를 많은 민족의 아버지로 만들어 주겠다. 내가 너의 후손을 지켜 주고 그들에게 가나안 땅을 줄 것이다."

아브라함은 하나님이 약속한 가나안 땅으로 이사합니다. 이곳이 지금의 이스라엘이 있는 팔레스타인 지역입니다.

여러 민족의 조상이 되리라는 계시를 받았으나 아브라함과 부인 사라는 아이를 낳지 못합니다. 당시에는 부인이 아이를 낳지 못하면 부인의 몸종을 첩으로 두는 일이 흔했습니다. 아브라함도 사라의 몸종 하갈에게서 아들 이스마엘을 낳습니다. 그 후 나이가 많아 아이를 낳지 못할 거라고 생각한 부인 사라도 아들을 낳습니다. 그의 이름이 이삭입니다.

성경에 따르면 하나님은 아브라함의 믿음을 시험하기 위해 아들 이삭을 죽여 제물로 바치라고 명합니다. 아브라함은 하나님의 말씀에 순종하려 하지요. 그의 믿음에 감동한 하나님은 아들을 죽이려는 그를 멈추게 하고 옆에 있는 양을 제물로 바치게 합니다. 이후 하나님은 이삭의 아들 야곱에게 이스라엘이라는 이름을 내립니다. 그의 후손은 스스로 하나님에게 선택받은 민족이라 믿었습니다. 이들이 바로 유대인이며 현재의 이스라엘인이죠.

한편 아브라함의 첫째 아들 이스마엘은 어머니 하갈과 함께 쫓겨나 지금의 아라비아 메카 근처에 이릅니다. 물을 찾지 못해 기도하던 그들에

무함마드가 승천한 바위 위에 지은 것으로 알려진 예루살렘의 바위 돔

게 하나님이 나타나 우물을 찾게 해 주었다고 하지요. 이스마엘은 이 땅에 터를 잡습니다. 지금의 아랍인은 그의 자손으로 알려져 있습니다. 아랍인이 믿는 이슬람교의 경전 쿠란에 따르면 하나님이 아브라함의 믿음을 시험하여 제물로 바치라고 한 아들은 이삭이 아니라 이스마엘입니다. 아랍인은 아브라함의 적통이 이삭이 아닌 이스마엘이라고 생각하지요. 이들에 따르면 아브라함은 이스마엘을 아끼고 자주 찾아왔는데 이때 아브라함과 이스마엘이 카바 신전을 지었으며, 아브라함은 이스마일이 가져온 검은 돌을 딛고 신전을 완성했다고 합니다. 메카의 카바 신전은 이슬람교도의 첫 번째 성지이며, 이슬람교를 창시한 무함마드는 이스마엘

의 자손으로 여겨집니다. 무함마드는 예루살렘에 있는 바위에서 승천했는데, 이 바위 위에 황금빛 돔의 이슬람 사원이 있습니다. 그래서 이슬람교도는 예루살렘을 자신들의 세 번째 성지로 여깁니다(참고로 이슬람교의 두 번째 성지는 메디나입니다. 무함마드는 메카에서 추방당한 후 메디나로 이주하였는데 이를 성스러운 이동이라는 뜻으로 '헤지라'라고 합니다).

역사상 가장 유명한 유대인은 예수 그리스도입니다. 예수는 유대교의 율법보다는 하나님에 대한 믿음과 사랑, 평등을 강조하면서 많은 추종자를 거느리게 됩니다. 예수가 활동하던 당시 이스라엘 지역은 로마 제국의 지배를 받고 있었습니다. 예수가 위험한 인물이라고 생각한 로마와 유대교의 지도자들은 예수를 십자가에 매달아 처형합니다. 하지만 예수의 가르침은 시대와 장소를 초월하여 많은 사람을 이끌었고 결국 크리스트교라는 새로운 종교가 탄생합니다. 로마는 크리스트교를 탄압했지만 훗날 상황이 역전되어 마침내 크리스트교를 국교로 선포하게 됩니다. 이렇게 해서 전 유럽이 크리스트교 문화권에 들어가지요. 예수가 십자가에 못 박힌 곳이 바로 예루살렘입니다. 예수의 무덤이 있었다고 여겨지는 곳에는 성묘 교회가 세워져 있습니다. 이곳은 전 세계 기독교인의 성지가 되었습니다.

아브라함에게 '너의 자손을 하늘의 별과 바다의 모래처럼 많게 하리라'라고 한 신의 약속은 지켜졌습니다. 아브라함은 유대교, 이슬람교, 크리스트교라는 세 종교의 조상이 되었고, 그가 섬긴 유일신은 여호와, 알라,

크리스트교의 성지 예루살렘의 성묘 교회

하나님이라는 이름으로 전 세계인의 절반 이상이 믿고 있습니다. 그리고 예루살렘은 유대교, 이슬람교, 크리스트교의 성지가 되었습니다.

하지만 이렇게 한 뿌리에서 나온 사람들은 오랜 역사를 거치며 서로 죽고 죽이는 분쟁과 갈등을 되풀이해 왔습니다. 사랑과 평화를 상징하는 종교가 어떻게 이토록 잔인한 역사를 지니게 되었을까요? 세 종교가 가장 성스럽게 여기는 성지 예루살렘이 전쟁과 폭력의 역사로 얼룩진 세계에서 가장 위험한 화약고가 되었으니 이보다 더 아이러니한 일이 있을까 싶습니다.

유일신은 단 하나의 신만을 인정합니다. 어쩌면 유일신앙에서 비롯된 생각이 나와는 다른 문화와 사상을 인정하지 못하게 만들었는지도 모르겠습니다. 사랑을 전파하는 성스러운 종교들이 한편으로 폭력을 수반해온 비극적인 역사를 되풀이하지 않으려면 어떻게 해야 할까요? 신을 믿는 이들은 부디 모든 나라에, 모든 이에게 평화가 깃들기를 기도해야겠지요. 신을 믿든 믿지 않든 우리 모두 다양성을 인정하며 서로의 고통에 공감할 줄 아는 인간성을 되살려야 할 것입니다. 이것이 진정 신이 원하는 길이 아닐까요?

아테네 Athenae

아테네에서 민주정이 시작된
결정적인 계기는?

- 국가(대륙)   그리스(유럽)
- 면적   412Km^2
- 인구   약 370만 명
- 언어   그리스어
- 기후   온대 기후(지중해성 기후)
- 대표 관광지   파르테논 신전, 아고라, 아크로폴리스 박물관
- 키워드   민주주의, 소크라테스, 아고라

아테네의 모나스티라키 광장과 그 뒤로 보이는 아크로폴리스

우리는 민주 국가에 살고 있습니다. '민주적'이라는 단어는 일상에서 매우 흔하게 사용됩니다. 민주적인 학교, 민주적인 가정, 민주적인 부모 등 '민주'는 긍정적인 의미로 쓰입니다. 심지어 북한의 공식 명칭도 '조선 민주주의 인민 공화국'이죠.

지금의 대한민국이 있기까지 많은 사람이 민주주의를 위해 희생했습니다. 대한민국 헌법 제1조 2항은 우리나라의 주권이 국민에게 있다고 선언합니다. "대한민국의 주권은 국민에게 있고, 모든 권력은 국민으로부터 나온다." 앞선 세대에게 민주주의는 피땀 흘려 성취한 위대한 가치였지만 지금 세대에게는 너무도 당연해서 특별할 것 없는 말이 되었을지도 모르겠습니다.

민주주의가 태어난 곳이 바로 고대 그리스의 아테네입니다. 민주주의Democracy는 그리스어 'Demos'(다수)와 'Kratos'(지배)가 합쳐진 'Demokratia'에서 유래했습니다. 민주주의는 쉽게 말해 다수가 지배하는 정치 형태인 셈입니다. 그럼 민주정의 반대편에는 다수가 아닌 소수가 지배하는 정치 형태가 있겠지요? 왕이 지배하는 왕정, 소수의 귀족이 지배하는 귀족정 등이 그것입니다.

현대에는 민주정이 일반적인 정치 형태로 여겨지지만 과거에는 그렇지 않았습니다. 중국을 비롯한 동양권에서는 대개 전제 군주가 무소불위의 권력을 지녔고, 그리스를 비롯한 서양권에서도 군주정이나 과두정(정치 권력이 소수에게 집중된 정치 형태)이 일반적인 형태였습니다. 사실 고대 아테네 이후 근대 시민 혁명이 일어나기 전까지 인류 역사에서 민주정을 찾아볼 수는 없습니다. 그리스의 작은 도시 국가 아테네에서도 처음에는 왕정으로 시작해 귀족정을 거칩니다.

아테네가 민주정을 수립한 결정적 계기는 페르시아 전쟁이었습니다. 동방의 대제국 페르시아가 작은 폴리스들이 옹기종기 아웅다웅 모여 사는 그리스에 쳐들어옵니다. 체급이 비교가 안 되는 싸움이었지요. 그리스는 바람 앞의 촛불 같았습니다.

하지만 놀랍게도 그리스가 페르시아를 상대로 승리를 거둡니다. 대제국 페르시아를 무찌른 주인공은 아테네의 해군이었습니다. 세계 3대 해전 중 하나로 손꼽히는 살라미스 해전에서 아테네 해군은 수적 열세였음에도 페르시아 함대를 격파했습니다. 바다를 장악한 아테네는 그리스의 맹주가 되었고 그 위상을 뽐내게 됩니다. 아테네의 강력한 해군이 아테네의 번영에 결정적 역할을 했다고 볼 수 있겠지요.

당시 함선인 갤리선을 운영하려면 노를 젓는 가난한 평민들이 꼭 필요했습니다. 이들이 전쟁에서 큰 공을 세운 것은 누구도 부인할 수 없는 사실이었지요. 아테네의 평민들은 자신이 국가에서 매우 중요한 존재가 되

뒤로 헤파이스토스 신전이 보이는 돌무더기만 남은 아고라

었음을 깨달았습니다. 평민들은 공적을 쌓음으로써 정치적 영향력을 키워 나갔고 마침내 참정권을 얻어 다수가 다스리는 정치 체제인 민주정을 성취했습니다.

아테네의 아고라(아테네의 시민들이 자유롭게 토론을 벌이던 넓은 광장)에는 지나가는 사람을 붙잡고 질문을 던지는 한 못생긴 남성이 있었습니다. 그는 델포이에서 자신이 가장 지혜롭다는 신탁을 받은 후 어리둥절했습니다. 그럴 리가 없다고 생각해 만나는 사람마다 질문을 던졌지요. 많은 사람을 만나 본 후 그는 자신이 가장 지혜로운 이유가 바로 자신이 알지 못한다는 사실을 알고 있기 때문이라는 결론에 이릅니다. 이 사람이 그 유명

자크 다비드, 〈소크라테스의 죽음〉, 1787년

한 소크라테스입니다.

시끌벅적한 아고라에서 사람들은 물건을 사고팔거나, 회의를 하거나, 지나가다 만난 사람들과 대화하거나 토론했습니다. 아테네인들은 말이 많기로 유명했습니다. 그들은 무엇 하나 그냥 결정하지 않았습니다. 서로 다른 생각을 이야기하며 토론하고 설득하다 보니 쉽게 되는 일이 없었습니다.

하지만 아테네인들은 이렇게 어렵고 불편한 의사결정 과정을 통해 이후 다른 어떤 사회도 상상하기 어려운 정치적, 경제적, 문화적 성취를 이루었습니다. 아테네의 학문과 철학, 문화와 예술은 서양 문화의 근간이 되었습니다. 후대에 사람들은 그리스인들의 성취를 고전^{classic}이라 부르게 됩니다.

그러나 아테네의 민주주의는 소크라테스를 사형에 처하는 과오를 저지르기도 했습니다. 소크라테스가 질문을 던지던 아고라에는 시민 법정이 있었습니다. 그곳에서 소크라테스는 스스로를 변호했지만 오히려 시민들의 분노를 사 사형에 처해집니다. 소크라테스는 스스로 독배를 마심으로써 불멸의 스승으로 역사에 남지요.

어쩌면 민주주의는 그 자체가 고귀한 이념이라고 볼 수는 없습니다. 민주주의를 만드는 것은 시민들이 만들어 가는 살아 움직이는 삶의 방식이 아닐까요? 소크라테스가 자유롭게 자신의 의견을 이야기하고 토론하던 곳도, 신을 믿지 않으며 젊은이들을 타락시킨다는 죄목으로 사형 선고를 받은 곳도 아고라였습니다. 민주주의가 어떻게 발전하느냐는 어쩌면 제도 자체가 아니라 우리 자신에게 달려 있는지도 모릅니다.

로마^{Roma}

쓸쓸한 페허로 남은
찬란했던 로마 제국의 영광

- 국가(대륙)   이탈리아(유럽)
- 면적   1,285.31Km^2
- 인구   약 300만 명
- 언어   이탈리아어
- 기후   지중해성 기후
- 대표 관광지   콜로세움, 판테온, 트레비 분수, 포로 로마노
- 키워드   로마의 일곱 언덕, 로마 공화정, 로마 가도

포로 로마노와 팔라티노 언덕

불멸의 도시 로마. 로마가 인류 문명에 끼친 영향은 헤아리기 어려울 정도입니다. '모든 길은 로마로 통한다'라는 말에서 길은 단지 공간만을 의미하는 게 아니라 시간까지 포함할지도 모르겠습니다. 현재 이탈리아의 수도 로마는 도시 전체가 유네스코 세계문화유산으로 지정되어 있습니다.

신화에 따르면 로마는 일곱 개의 언덕에 세워졌다고 합니다. 로마를 세운 로물루스와 레무스 형제는 전쟁의 신 마르스의 아들로 늑대 젖을 먹고 자랐다고 합니다. 건국 신화는 그 나라의 정체성을 대변하는데요, 유럽을 정복한 용맹한 로마인들이 자신들을 마르스의 후예라고 믿은 것이지요.

팔라티노Palatino 언덕은 로물루스가 로마를 세운 곳으로, 일곱 언덕 중에서도 가장 핵심적인 곳입니다. 황제의 궁궐과 원로원, 신전 등이 즐비했던 곳으로, 팔라티노에서 궁전palace이라는 단어가 유래했다고 합니다. 언덕 옆의 저지대에는 로마 제국 정치와 문화의 중심지였던 포로 로마노가 있습니다. 제국의 중심이 동쪽으로 이동하면서 이곳은 점차 쇠락했고, 호화로웠던 로마의 심장은 이제 쓸쓸히 폐허만 남아서 역사의 무상함을

콜로세움을 중심으로 공중에서 내려다본 로마 전경

떠올리게 합니다.

　로마가 인류에게 준 최고의 유산 중 하나는 법과 정치제도입니다. 로마 왕정은 공화정으로 발전했는데, 로마 공화정은 다양한 세력이 서로 견제하며 균형을 이루는 정치 체제였습니다. 집정관은 군대를 통솔할 권한을 지닌 최고 통치자로 1년마다 2명을 투표로 선출했습니다. 원로원에는 귀족 가문 출신이 많았으며 국가의 중요 사안을 결정할 수 있었다고 전해집니다. 민회는 평민 대표들로 구성되었으며 강력한 힘을 지닌 호민관을 선출할 수 있었습니다. 로마 공화정은 왕정, 귀족정, 민주정의 장점을 섞어 절묘한 균형을 이루도록 만들었고 500년 동안 번성합니다. 로마의

고대 로마에서 가장 먼저 만들어진 도로 아피아 가도

공화정은 훗날 현대 민주 국가의 정치 체제에도 영향을 미치게 됩니다.

　로마가 점차 커지고 강대해지면서 사회적 혼란이 발생하자 강력한 카리스마를 지닌 율리우스 카이사르가 나타나 로마 민중의 지지를 얻게 됩니다. 이후 카이사르의 뒤를 이은 옥타비아누스가 첫 번째 황제가 되면서 정치 체제가 제정으로 바뀌고, 찬란한 로마 제국의 역사가 펼쳐집니다. 로마 제국의 상징은 독수리였는데, 훗날 신성로마 세국, 러시아 제국이 로마 제국의 후예를 자처하며 독수리를 문장으로 썼고, 독일, 오스트리아, 미국도 독수리를 문장으로 쓰고 있습니다. 강대국을 자처하는 나라는 모두 로마를 롤모델로 했음을 알 수 있지요.

로마 시내로 깨끗한 물을 공급한 아피아 수도

로마가 인류에 남긴 또 다른 유산은 건축입니다. 특히 로마 가도가 유명한데 현대의 고속 도로라고 생각하면 이해하기 쉽습니다. 총길이 8만 5,000킬로미터에 이른 이 길은 제국의 군대가 빠르게 이동하기 위해 만들어졌으나, 이 길을 통해 물자도 운반할 수 있었으니 군사, 경제, 문화 모든 면에서 로마가 발전하는 데 중요한 토대가 되었습니다. 말과 마차가 다니는 길과 인도가 구분되었고 가운데가 살짝 볼록한 형태로 빗물이 빠지게 설계되었습니다. 층층이 자갈과 흙을 깔고 가장 위에는 마름돌을 깔았지요.

로마의 인구는 전성기에 100만 명에 이르렀다고 하는데, 이것은 상하

거대한 타원형 극장 콜로세움

수도가 정비되었기 때문에 가능했습니다. 로마는 수많은 수도교를 건설하여 로마 시내로 깨끗한 물을 보낼 수 있었습니다. 로마인들은 마음껏 목욕을 즐기고 분수를 만들 수 있었죠. 로마 가도와 수도교는 로마를 부강하게 만들고 로마인들의 삶의 질을 높여 준 실용적이면서도 놀라운 건축물이었습니다.

제국 말기로 가면서 황제들은 시민들이 정치에 관심을 두지 않기를 바랐습니다. 거대한 콜로세움에서 날이면 날마다 검투 경기가 벌어졌고 황제는 열광하는 시민들에게 빵을 던졌습니다. 로마인들은 크면 클수록, 많으면 많을수록 좋다고 여겼다죠. 로마인의 놀라운 건축 기술은 콜로세움에서 절정에 이릅니다. 5만 명이 넘는 관중을 수용할 수 있는 거대한 타원형 극장에는 엘리베이터가 있어 검투사나 맹수 등이 무대로 올라올 수 있었고, 마치 돔 구장처럼 차양막을 쳐 태양을 가릴 수 있었다고 합니다.

콜로세움은 위대한 건축물이었지만 향락과 사치에 길든 로마는 위대함을 잃고 있었습니다. 실용적이고 강건하던 로마인들은 그저 황제가 제공하는 빵과 서커스에 열광할 뿐이었죠. 로마는 쇠락하며 무너져 갔고 마침내 오랜 세월 진흙 속에 묻혀 버렸습니다. 세월이 흘러 르네상스 시대가 올 때까지 로마는 그렇게 찬란한 문화의 중심을 동쪽의 콘스탄티노폴리스에 넘겨주게 됩니다.

로마는 이민족에게 개방적이고 포용적인 태도와 체계적인 법질서, 강건하고 실용적인 문화를 통해 거대한 제국을 건설했습니다. 그러나 커다란 힘과 부를 가진 후에 황제는 대중의 눈을 가리며 인기 끌기에만 급급했고, 시민들은 사회 문제를 직시하는 대신 향락에 빠져버렸습니다. 로마의 융성과 쇠퇴의 역사는 그 자체로 우리에게 묵직한 가르침을 주는 또 다른 문화유산인지도 모르겠습니다.

이스탄불 Istanbul

아시아와 유럽을 연결하는
대륙의 시작이자 끝

- 국가(대륙)   튀르키예(유럽)
- 면적   1,539Km²
- 인구   약 1,400만 명
- 언어   튀르키예어
- 기후   온대 습윤 기후
- 대표 관광지   아야소피아(하기아 소피아), 술탄 아흐메트 모스크, 그랜드 바자르
- 키워드   보스포루스 해협, 콘스탄티노폴리스, 오스만 제국

보스포루스 해협에서 바라본 이스탄불의 전경

이스탄불은 찬란하고 화려한 역사를 품은 튀르키예 최대 도시입니다. 이 도시에서는 다른 곳에서 보기 힘든 특별한 경관을 볼 수 있는데, 바로 도시 한가운데로 바다가 지나간다는 것입니다. 마치 큰 강처럼 생긴 해협이 이스탄불을 유유히 가로지르고 있어 푸른 바다를 배경으로 멋진 도시의 모습을 볼 수 있죠. 이 해협이 유럽과 아시아의 경계로 유명한 보스포루스 해협Bosphorus Strait입니다. 이스탄불은 보스포루스 해협을 경계로 서쪽은 유럽, 동쪽은 아시아로 나뉩니다. 하나의 도시가 동서양으로 나뉜다니 이보다 특별한 곳이 또 있을까요.

보스포루스 해협은 흑해와 지중해를 잇는 좁은 통로입니다. 러시아를 비롯한 흑해 연안의 국가들은 이 해협을 통해서만 지중해와 대서양 쪽으로 나갈 수 있지요. 따라서 이 길을 쥔 튀르키예는 국제 관계에서 지정학적으로 강력한 힘을 지니게 되었습니다. 보스포루스 해협을 끼고 동서양이 만나는 길목에 자리한 이스탄불은 역사적으로도 중요한 전략적 요충지일 수밖에 없었습니다.

330년 로마 황제 콘스탄티누스는 제국의 수도를 이탈리아 반도의 로마에서 동쪽에 위치한 이곳으로 옮겼습니다. 비잔티움이라 불린 이 지역

혹해와 마르마라해를 잇는 보스포루스 해협을 중심으로 이스탄불이 동-서로 나뉘어 있다.

은 이때부터 황제 이름을 따 콘스탄티노폴리스^{Constantinopolis}라 불렸으며 무려 1,600년 동안 세계적인 수도의 역할을 하게 됩니다.

395년 로마 제국이 동서로 분열된 후 콘스탄티노폴리스는 동로마의 수도로 번영하게 됩니다. 서쪽의 로마가 쇠락한 것과 달리 동로마의 수도는 점차 융성하여 인구가 50만 명에 이르렀다고 합니다. 콘스탄티노폴리스는 동서 문화의 교차로로서의 위치를 미음껏 누렸고 학문과 기독교 문화가 찬란하게 발달했습니다. 동시에 동서 무역의 중심지로 번영하며 세계에서 가장 부유한 도시가 되었지요.

아야소피아^{Ayasofia}는 동로마 문화의 절정을 보여 주는 아름다운 건축물

아야소피아 성당

아야소피아 성당 내부

콘스탄티노폴리스를 방어하는 테오도시우스 성벽

입니다. 지름 30미터가 넘는 거대한 돔과 웅장하고 장엄한 자태는 보는 이의 감탄을 자아냅니다. 유스티니아누스 황제는 아야소피아를 보면서 "솔로몬이여, 내가 그대를 이겼노라!"라고 말했다고 전해집니다(솔로몬은 고대 이스라엘 왕국의 전성기를 이끈 왕으로, 지혜의 왕으로 불린다). 성당 내부는 사방에서 빛이 쏟아져 들어오도록 설계되었는데 화려한 모자이크가 천상에 있는 듯한 착각을 불러일으켰다고 합니다.

　콘스탄티노폴리스는 난공불락의 요새였습니다. 도시의 3면이 바다로 둘러싸여 있고 육로로 들어갈 수 있는 한 면에는 테오도시우스의 성벽이 버티고 서 있었기 때문이지요. 성벽의 높이는 12미터나 되었으며 해자를 갖추었고 흙벽과 내벽, 외벽의 3중 구조로 지어져 있어 콘스탄티노폴리스를 철통처럼 지켰습니다. 동로마가 1,000년을 버틴 것은 이 성벽 덕분이었을지도 모릅니다.

그러나 동로마 제국은 점차 약해지고 있었습니다. 이슬람을 믿는 오스만 제국이 강성해지면서 동로마의 영토를 계속해서 빼앗고 있었지요. 이제 남은 것은 천혜의 요새 콘스탄티노폴리스뿐이었습니다. 로마 문명과 기독교 국가에게는 최후의 보루였지요.

1453년 오스만의 술탄 마흐메트 2세는 콘스탄티노폴리스를 공격합니다. 도시의 한쪽 면은 바다의 금각만에 접해 있었는데 콘스탄티노폴리스는 금각만 쪽으로 적국의 함대가 들어오지 못하도록 쇠사슬을 설치합니다. 그러자 마흐메트는 배를 육지 위로 운반해 언덕을 넘어 금각만으로 들어가는 놀라운 작전을 펼칩니다. 하지만 육지의 테오도시우스 성벽은 역시 막강했습니다. 대포를 쏘며 수차례 공격했지만 성벽은 쉽게 무너지지 않았고 마흐메트의 군대도 더 이상 나아갈 수 없었습니다.

동로마 황제가 아야소피아에서 마지막으로 예배를 드린 5월 29일, 성벽에서 양 진영이 격렬한 전투를 벌이고 있던 그때, 성벽 구석의 비밀스런 작은 문(케르카포르타)이 열려 있었습니다. 방어군의 어이없는 실수였죠. 열린 성문으로 들어온 오스만 군대는 이곳을 통해 도시로 들어갔고 난공불락의 테오도시우스 성벽은 무너지고 말았습니다. 서로마가 멸망한 후에도 천 년을 버티던 동로마가 역사의 무대에서 사라지는 순간이었습니다.

아야소피아에 입성한 마흐메트 2세는 놀라움을 금치 못합니다. 그는 이 성당을 이슬람의 모스크로 개조하도록 명합니다. 현재 아야소피아 주변에 있는 첨탑(미나렛) 4개는 이슬람 건축 양식으로 오스만이 세운 것입니다. 아야소피아는 기독교 성당에서 이슬람 모스크로 변모합니다. 오스만은 모자이크와 성화에 회칠을 하고 내부를 이슬람 양식으로 장식합니다.

오스만 제국이 멸망한 후 1935년 튀르키예 공화국은 아야소피아를 박물관으로 만들었습니다. 수많은 사람들이 동로마 제국과 오스만 제국의 역사를 살아내며 기독교와 이슬람교를 모두 품에 안았던 이 놀라운 건축물에 감탄합니다.

2020년 튀르키예는 아야소피아를 박물관에서 다시 이슬람 사원으로 전환했습니다. 이것이 이슬람이 보수화되는 정치적 움직임과 관련 있는 조치는 아닌지 우려의 목소리가 높습니다. 길고 긴 기독교와 이슬람교의 싸움 끝에 두 종교와 동서양 문화를 모두 아우른 아름다운 아야소피아는 다시 한쪽 종교의 사원으로 돌아가고 말았습니다.

아야소피아는 성스러운 지혜라는 뜻입니다. 인류의 길고 긴 전쟁과 갈등의 역사를 마치고 평화의 시대를 맞을 성스러운 지혜는 어디에서 찾으면 좋을까요?

시안 西安

삼장법사가 천축국에서
불경을 가지고 돌아온 천년의 고도

- 국가(대륙)   중국(동아시아)
- 면적   10,108Km²
- 인구   약 1,300만 명
- 언어   북경어
- 기후   대륙성 기후
- 대표 관광지   시안 성벽, 진시황릉, 병마용갱
- 키워드   장안, 실크로드, 서유기, 진시황릉

시안 성벽

시안은 과거에 '장안長安'이라 불린 중국의 오래된 도시입니다. 주나라의 도읍이 이곳에 있었다고 전해지니 무려 3,000년이 넘는 역사를 지닌 도시죠. 진시황이 세운 진나라의 수도 또한 시안 인근에 있는 함양이었습니다. 진이 멸망한 후에는 한나라가 도읍을 장안으로 정하면서 크게 번성합니다.

사마천의 『사기』나 역사 소설 『초한지』와 『삼국지』를 보면 '관중關中'과 '중원中原'이라는 이름의 지역이 자주 등장합니다. "관중을 가진 자가 천하를 얻는다"라는 유명한 말이 있지요. 관중 땅의 중심이 바로 시안입니다. 관중은 방어하기 편리하며 인근 중원까지 쉽게 얻을 수 있는 지리적 이점을 지닌 곳이었습니다. 그래서 유방이 한나라를 건국하면서 장안을 수도로 삼았다고 하지요. 한편 중원은 일반적으로 황허강의 중하류 지역에 있는 화베이華北 평원을 말하는데, 중원의 중심은 낙양洛陽, 지금의 뤄양입니다(후한은 이후 장안에서 낙양으로 수도를 옮깁니다).

당나라의 수도가 되었을 때 장안은 화려한 국제도시로 위용을 떨쳤습니다. 전성기에는 인구가 100만 명에 이르렀다고 하니 당시 세계에서 가장 큰 도시였던 셈입니다. 발해, 신라는 물론 일본을 비롯한 주변국들은

불경을 보관하기 위해 세워진 대안탑

장안을 도시의 모범으로 삼았고, 각국의 유학생과 상인들이 장안으로 몰려들었습니다. 이토록 화려한 역사를 지닌 시안은 도시 전체가 문화유산 같은 곳입니다.

　시안은 동서양의 교역로 실크로드의 출발지입니다. 실크로드가 개척된 것은 한 무제 때 장건에 의해 서역이 알려지면서부터입니다. 장건은 흉노를 견제하기 위해 서역의 여러 나라들과 동맹을 맺으려 했지만 그 뜻을 이루지 못했습니다. 그러나 그의 여행은 중국과 중앙아시아를 비롯한 서역 교역의 물꼬를 텄습니다. 실크로드라는 이름은 교역의 주된 물품이 중국의 비단이었기 때문에 붙은 이름입니다. 중국 장안에서 시작된 실크로드는 유럽의 로마까지 이어졌다고 합니다. 실크로드 이전에 동양과 서양은 서로의 존재를 알지 못한 채 각자의 문화를 만들어 가고 있었죠. 실크로드를 통해 동양과 서양이 접촉하게 되고 서로 영향을 주고받기 시작한 것입니다.

실크로드에서 물품 교역만 이루어진 것은 아닙니다. 종교가 전해지기도 했지요. 당나라 때 현장玄奘이라는 스님이 있었습니다. 현장은 세 종류의 불경을 모두 공부했기 때문에 삼장법사라고도 불렸지요. 그는 불경에 오류가 많다고 생각해 직접 천축국(지금의 인도)에 가서 불경을 가지고 오겠노라 결심합니다. 현장은 목숨을 건 여행 끝에 불경 600여 권을 가지고 장안으로 돌아왔습니다. 그는 인도에서 가져온 경전을 한자로 번역했는데 이때 번역한 불경을 보관하기 위해 만든 것이 시안의 상징인 대안탑大雁塔입니다. 불경을 찾으러 간 여행을 통해 동서 문화 교류가 성공적으로 이루어졌으며 불교도 크게 발전하게 되었습니다. 현장이 장안을 출발해 천축국에 다녀온 길도 바로 실크로드입니다.

현장의 이야기는 후대에 『서유기』라는 소설이 됩니다. 서유기의 주인공은 사실상 신통한 도술을 부리는 원숭이 손오공이죠. 시원시원하게 반항기를 표출하는 손오공에 비해 소설 속에 등장하는 삼장법사는 다소 딥답하게 느껴지는데요, 만약 삼장법사가 이 책을 봤다면 어떻게 생각했을까요?

앞서 시안 부근에 진의 수도 함양이 있었다고 했지요. 중국 최초의 황

진시황릉에서 1.5킬로미터 떨어진 곳에 있는 병마용갱

제 진시황의 무덤이 시안 외곽에 있습니다. 진시황릉은 밖에서 보기에는
무덤이라기보다 산에 가까운데, 중국 정부에서 아직 발굴하지 않고 있어
여전히 신비에 싸여 있습니다. 진시황릉을 발굴하면 이집트 피라미드를
넘어서는 엄청난 발견이 되리라 생각하는 사람이 많습니다.

　진시황릉에서 1.5킬로미터 떨어진 곳에는 입을 다물지 못할 만큼 놀라
운 유적이 있습니다. 바로 병마용갱입니다. 땅속에 흙으로 만든 진시황
의 군대가 묻혀 있었던 것이죠. 그 수가 무려 8,000여 개에 이를 것이라
고 추정하는데, 아직도 다 발굴하지 못했습니다. 병사들은 마치 살아 있
는 사람처럼 생생한 모습으로 진시황의 무덤을 바라보고 있습니다. 하나

하나가 각기 다른 얼굴과 표정을 가진 것도 놀라운데, 사람뿐만 아니라 말과 전차까지 마치 진짜 군대처럼 만들어져 있습니다. 원래는 화려하게 채색되어 있었는데 외부 공기와 접촉하면서 색이 사라졌다고 합니다.

　이렇게 찬란한 도시였던 시안도 당나라가 멸망하면서 쇠퇴합니다. 마치 병마용이 땅속에 묻혀 있듯이 시안도 찬란한 역사를 기억한 채 오랜 세월 엎드려 있었지요. 이제 시안은 다시금 중국 북서부 개발의 거점 도시로 기지개를 켜고 있습니다. 천년의 고도 시안은 앞으로 또 어떤 역사를 만들게 될까요?

방콕 Bangkok

19세기 열강 사이에서
식민 지배를 막아낸 비결은?

- **국가(대륙)**   태국(동남아시아)
- **면적**   1,568Km^2
- **인구**   약 860만 명
- **언어**   태국어
- **기후**   열대 몬순 기후
- **대표 관광지**   방콕 왕궁, 에메랄드 사원, 왓 포, 카오산 로드
- **키워드**   대나무 외교

배낭여행자의 성지 카오산 로드

태국에서 가장 큰 도시이자 세계적인 관광 도시 방콕 시내에 있는 300미터 길이의 거리 카오산 로드는 전 세계 배낭여행자의 성지입니다. 밤이 되면 카오산 로드는 화려한 네온사인으로 물들며 세계의 젊은이들이 모여드는 활기찬 거리가 됩니다.

방콕은 빠르게 성장하고 있는 역동적인 대도시의 모습뿐만 아니라 역사적이고 전통적인 모습도 갖고 있습니다. 이것이 전 세계의 많은 관광객을 끌어들이는 매력이지요. 태국은 국민의 약 95퍼센트가 불교를 믿는 불교 국가로 유명합니다. 크고 웅장하면서 화려한 불교 사원은 강렬한 자태로 관광객의 눈길을 끌지요. 왓 아룬과 왓 포는 방콕에서 반드시 들러야 하는 아름다운 사원입니다.

방콕의 불교 사원은 우리나라의 낮고 단아한 절과 달리 지붕이 높고 뾰족하며 색상과 장식이 화려해 매우 이국적입니다. 그리고 도시 어디를 가든 시내에서 불교 사원을 쉽게 볼 수 있습니다. 태국의 사원은 엄숙하기만 한 종교 시설이 아니라 사람들의 일상생활과 연결된, 삶의 중심에 놓여 있는 공간이지요.

태국에서 아름다운 사원이 오랜 시간 잘 보존된 가장 큰 이유는 다른

방콕의 불교 사원 왓 아룬의 야경

동남아시아 국가들과 달리 독립국의 지위를 유지했기 때문입니다. 19세기 초 서양 열강은 동남아시아에 눈독을 들이기 시작했습니다. 인도양과 태평양을 잇는 동남아시아가 무역의 요충지에 자리 잡고 있었기 때문이죠. 결국 동쪽의 베트남 지역은 프랑스가, 서쪽의 버마(지금의 미얀마) 지역은 영국이 차지했습니다. 동남아시아 한복판에 있는 태국은 바람 앞의 등불과 같은 운명에 처했지요.

당시 태국을 다스리던 왕 라마 4세는 영어를 배우고 적극적으로 서양 문물을 받아들이기 위해 노력했습니다. 프랑스의 위협을 받는 상황 속에서 영국과 불평등 조약을 맺으면서까지 우호적인 관계를 유지했지요. 그

역대 왕들이 공식적으로 거주하던 공간인 방콕 왕궁

의 뒤를 이은 라마 5세는 노예제도를 철폐하고 조세제도와 교육제도를 개혁하며 나라를 근대화하기 위해 노력했습니다. 이에 영국과 프랑스는 태국을 두 식민지 사이에 완충지로 두는 조약을 맺어 태국의 독립을 보장하게 됩니다.

태국 왕가의 외교 정책을 대나무 외교라 부릅니다. 대나무는 바람이 불면 유연하게 휘지만 쉽게 부러지지 않습니다. 영국과 프랑스 양국 사이에 낀 태국은 대나무처럼 휘면서 균형을 잡았습니다. 비록 영토의 일부를 내주고 이권을 빼앗기기도 했지만, 끝내 부러지지 않고 독립을 지켜냈지요. 한편으로는 근대화를 서두르며 국력을 키우기 위해 노력했고요.

물론 태국이 독립을 지킬 수 있었던 것은 두 열강의 식민지 사이에 절묘하게 위치한 지정학적 행운 덕분이기도 합니다. 하지만 지혜로운 외교 정책이 아니었다면 강대국 사이에 낀 위치가 행운이 되기는커녕 두 고래 틈바구니에서 등이 터져 버리는 새우 꼴이 되었을지도 모릅니다.

현재 태국은 입헌군주국이지만 왕의 영향력이 여전히 큽니다. 태국 국민들은 왕실을 매우 존경하고 신성하게 여겨 왕을 욕하거나 비판하면 징역에 처해질 정도입니다. 이러한 존경심은 역사적으로 왕가가 나라의 독립과 정체성을 지켜낸 데에서 비롯되었습니다. 근대화 개혁을 이룬 라마 5세와 1946년부터 2016년까지 재위한 라마 9세는 대왕으로 불리며 사랑과 존경을 받았습니다.

태국의 공식 명칭은 '타이 왕국'입니다. 그전에는 '시암'이라고 불렸지요. 태국의 수도 방콕도 공식 명칭이 있습니다. 세상에서 가장 긴 도시 이름이라고 하네요.

'끄룽 텝 마하나콘 아몬 라따나꼬신 마힌타라 유타야 마하딜록 폼 노파랏 랏차타니 부리롬 우돔랏차니웻 마하사탄 아몬 피만 아와딴 사팃 사카타띠야 윗사누깜 쁘라싯'. "천사의 도시, 위대하고 영원한 도시, 아홉 개의 고귀한 보석을 지닌 장대한 도시, 환생한 신이 다스리는 하늘 위의 땅의 집을 닮은 왕궁으로 가득한 기쁨의 도시, 인드라(고대 인도 신화 속 전쟁의 신)가 내리고 비슈바카르만(고대 인도 신화 속 천상의 건축가)이 세운 도시"라는 뜻입니다. 화려한 외양에 어울리는 멋진 이름이지요?

타이베이臺北

중국인인가,
아니면 대만인인가?

- **국가(대륙)**   대만(동아시아)
- **면적**   271.4Km^2
- **인구**   약 260만 명
- **언어**   대만어, 중국어
- **기후**   아열대성 기후
- **대표 관광지**   국립 고궁 박물원, 타이베이 101, 중정 기념당
- **키워드**   본성인과 외성인, 양안 관계, TSMC

타이베이 101 빌딩과 스카이라인

타이베이는 대만의 최대 도시로 정치, 경제, 문화의 중심지입니다. 타이베이는 우리나라에서 비행기로 2시간 30분밖에 걸리지 않는 거리에 있으며, 풍부하고 맛있는 먹거리, 다양한 볼거리 등을 즐길 수 있어 많은 관광객이 찾는 곳입니다. 그런데 현재 우리나라와 대만은 정식으로 외교 관계를 맺은 사이는 아닙니다. 최근 중국과 대만을 둘러싼 국제 정세가 복잡해지고 있는데, 두 나라의 역사를 알아두면 이를 이해하는 데 도움이 될 겁니다.

대만의 공식 명칭은 '중화민국'입니다. 중국의 마지막 왕조인 청나라가 망하자 삼민주의를 주창한 쑨원이 '중화민국'을 세웠습니다. 혼란한 군벌 통치기를 거친 후 장제스가 이끄는 중국 국민당이 중화민국을 이어 가게 됩니다. 이때의 중화민국 영토는 중국 본토 전체였습니다. 한편 현재의 대만이 있는 타이완섬은 일본의 식민 지배를 받다가 2차 세계 대전이 끝난 후 해방됩니다.

이 무렵 중국에서는 공산당이 세력을 넓히고 있었습니다. 국공 내전(국민당과 공산당의 전쟁)이 일어났고 마오쩌둥이 이끄는 공산당은 그 기세를 몰아 국민당 정부를 압박했습니다. 수도 난징이 함락되고 공산당에 계속해

전체 유물을 한 바퀴 돌리는 데에만 무려 60년이 걸린다는 세계적 규모의 국립 고궁 박물원

서 밀리던 국민당 정부는 결국 1949년 바다 건너 타이완섬으로 정부를 옮기게 됩니다. 이를 '국부천대國府遷臺'라고 합니다. 한편 중국 공산당은 중화 인민 공화국을 세우고 중국 본토를 통치하게 됩니다.

국민당 정부가 비록 대만으로 옮겨 왔지만 중화민국의 헌법상 영토는 중국 본토입니다. 현재 중국을 다스리는 공산당 정권을 인정하지 않는 것이지요. 중화 인민 공화국 역시 하나의 중국을 원칙으로 내세우며 대만에 있는 정권을 인정하지 않습니다. 중국과 대만의 관계를 일반적으로 '양안 관계'라고 부릅니다.

세계적으로 자유주의 진영과 공산주의 진영이 대립하던 냉전 시기에 우리나라를 비롯한 많은 나라가 중화민국과 외교 관계를 맺었습니다. UN 상임 이사국 역시 중화민국이었지요. 그러나 국제 정치의 세계는 냉정했습니다. 냉전이 끝나고 중국의 힘이 점차 세지자 UN에서는 중화민국 대신 중화 인민 공화국을 상임 이사국으로 세웠습니다. 우리나라를 비롯한 많은 나라가 중화민국과 수교를 끊고 중화 인민 공화국과 외교 관계를 맺었지요.

대만은 정체성의 혼란도 안고 있습니다. 명나라와 청나라 때부터 대만에 살았던 '본성인'과 나중에 국민당 정부와 함께 대만에 들어온 '외성인' 사이에 갈등이 존재합니다. 외성인은 중국 본토로 돌아가는 게 목표이므로 스스로를 중국인이라 생각합니다. 반면 본성인은 독립적인 대만인으로서의 정체성을 가지고 있습니다. 이러한 차이는 정치적 갈등으로 이어졌습니다. 국민당 정부는 독재 정치를 하며 시민의 자유를 제한하기도 했지요. 시간이 흐르면서 현실적으로 중국 본토를 다시 찾기가 어려워지고 정권도 바뀌면서 최근에는 스스로를 대만인이라고 생각하는 사람이 늘고 있다고 합니다.

대만은 우리나라와 더불어 '아시아의 네 마리 용'이라 불리며 눈부신 경제 성장을 해 왔습니다. 특히 최근에는 반도체 강국으로 이름이 높습니다. 세계적인 반도체 제조 기업 티에스엠씨TSMC가 대만에 있죠. 이 기업의 세계 파운드리 점유율은 60퍼센트에 이릅니다. 대만에 강력한 반도체 기업이 있다는 것은 미국, 중국과의 국제 관계 및 정세에도 큰 영향을

타이베이에서 인기 있는 라오허제 야시장

미칠 것으로 보입니다.

　중국이 대만 통일에 강한 의지를 보일 때마다 국제 사회에서 긴장이 고조됩니다. 아시아 태평양에서 절묘한 위치를 차지한 대만의 미래는 과연 어떻게 될까요?

홍콩香港

동양의 진주 홍콩은
그 빛을 되찾을 수 있을까?

- 국가(대륙)   중국(동아시아)
- 면적   1,104Km^2
- 인구   약 740만 명
- 언어   광둥어, 영어
- 기후   온난 습윤 기후
- 대표 관광지   홍콩 디즈니랜드, 빅토리아 피크, 빅토리아 하버
- 키워드   영국 식민지, 일국양제

홍콩의 야경

홍콩은 화려한 야경을 자랑하는 중국 남부의 도시로 세계적인 물류의 중심이자 아시아 금융의 중심지입니다. 코로나19로 타격을 입기는 했지만 2022년 기준 1인당 GDP 4만 8,984달러를 기록한 부유한 도시죠. 한국, 대만, 싱가포르와 함께 아시아의 네 마리 용이라고도 불렸습니다.

홍콩은 중국에 속해 있음에도 마치 다른 나라 도시처럼 느껴지기도 합니다. 동양과 서양의 문화가 혼합된 독특한 모습을 보여 주거든요. 홍콩 사람은 자신이 중국인이라기보다는 홍콩인이라는 정체성을 가진다고도 하지요. 홍콩의 공식 명칭은 중화인민공화국 홍콩특별행정구입니다.

19세기 중반 청(중국)은 영국과 치른 아편전쟁에서 패배하면서 1842년 굴욕적인 난징 조약을 맺습니다. 이때 홍콩섬이 영국에 할양되지요. 2차 아편전쟁에서 또 패배한 청은 베이징 조약으로 주룽九龍 반도까지 넘겨주게 됩니다. 이후 영국이 신계新界 지역을 임대하면서 지금의 홍콩이 만들어졌습니다.

원래 홍콩은 별로 눈에 띄는 도시가 아니었지만 식민지가 된 후 영국의 자유 무역항이 되면서 세계적인 물류 중심지로 성장합니다. 1949년 중국에 공산주의 정권이 들어서자 많은 사람이 경제적 자유를 찾아 홍콩에

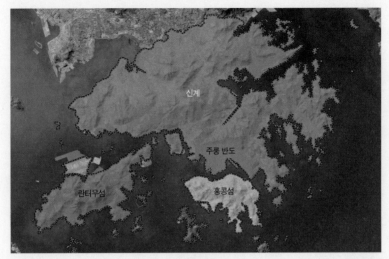

신계

주룽 반도

란터우섬

홍콩섬

홍콩 지도

모여들었습니다. 이후 홍콩은 무역업과 제조업 분야에서 눈부시게 성장
했고, 경제 발전과 지리적 이점을 활용해 동아시아 금융의 중심지로 발
돋움했습니다.

영국은 신계 지역을 1898년에 99년 동안 임대했으므로 1997년에 중
국에 반환해야 하는 상황이었습니다. 중국은 청이 맺은 불평등 조약이
무효라고 주장하면서 신계 지역뿐만 아니라 홍콩 지역 전체를 반환하라
고 강력하게 요구했지요.

문제는 중국은 공산주의 국가이고 영국의 식민지였던 홍콩은 자본주
의 체제하에 있었다는 점이었습니다. 이것을 명분으로 영국은 홍콩의 주

홍콩 시내 중심가의 고층 빌딩

권을 중국에 넘기되 자신들이 계속 통치권을 행사하겠다는 안을 제시했습니다. 중국은 이를 거부하고 새로운 방안을 내놓았습니다. 바로 홍콩에 일국양제一國兩制를 적용하겠다는 것이었지요.

일국양제란 하나의 국가에 두 체제를 허용하는 것을 말합니다. 즉 홍콩을 특별행정구로 정하고 자본주의 경제 체제와 높은 수준의 자치를 인정하겠다는 것이었죠. 결국 영국과 중국은 이러한 조건으로 홍콩 반환 협정을 체결합니다. 홍콩은 1997년 7월 1일부로 중국에 반환되었고 홍콩의 영국 식민지 역사는 마침표를 찍게 됩니다.

홍콩은 중국에서 특수한 지위를 인정받으며 본래의 정체성을 지킬 수

2019년 홍콩의 민주화 시위

있었습니다. 독립된 수장(행정 장관)이 존재하고 입법부와 사법부도 둘 수 있었으며 언론, 출판의 자유도 인정되었습니다. 홍콩은 독특한 문화를 유지하며 전 세계인의 발길이 이어지는 금융 허브이자 관광도시로 발전했습니다.

그러나 일국양제의 약속은 곧 그 의미를 잃어 가기 시작했습니다. 협정에 따라 일국양제를 50년 동안 보장하기로 약속했지만 기한의 절반도 되기 전에 중국 공산당은 홍콩 정부를 강하게 간섭하면서 각료들을 친중국 인사로 채웠습니다. 더 나아가 홍콩인의 자유를 제한하는 법률을 제정하기에 이르렀습니다.

홍콩인들은 중국 공산당의 간섭에 반대했습니다. 2014년 우산 시위, 2019년 범죄인 인도법 반대 시위 등 대규모 민주화 시위가 일어났지요. 그러나 2020년 홍콩 국가보안법이 제정되면서 시위가 금지되었고 중국 정부에 대항하는 인사는 탄압받았습니다. 결국 일국양제는 유명무실해졌습니다.

홍콩의 중국화로 인해 여러 글로벌 기업들이 홍콩을 떠났는데 이 현상을 '헥시트HK-EXIT'라 부르기도 합니다. 홍콩은 여전히 높고 화려한 빌딩으로 가득하지만 영혼과 정체성이 사라졌다고, 예전의 활력과 매력을 잃어버렸다고 말하는 사람이 많습니다.

안타깝지만 현재 중국을 보면 홍콩의 민주화는 쉽지 않아 보입니다. 홍콩인들의 반중 정서는 여전하지만 시위대로 가득 찼던 거리는 이제 조용하다고 합니다. 동양의 진주라 불리며 반짝이는 개성으로 가득했던 홍콩은 과거의 모습을 되찾을 수 있을까요?

상트페테르부르크 ^{St. Petersburg}

정체된 러시아 문화에 불씨를 당긴 표트르 대제의 큰 그림

- **국가(대륙)**   러시아(유럽)
- **면적**   1,403Km^2
- **인구**   약 500만 명
- **언어**   러시아어
- **기후**   냉대 습윤 기후
- **대표 관광지**   에르미타주 박물관(겨울궁전), 카잔 대성당, 성 이삭 대성당
- **키워드**   표트르 대제, 러시아 문화

상트페테르부르크는 운하가 발달하여 북유럽의 베네치아라 불린다.

러시아 하면 무엇이 떠오르나요? 유럽에서 아시아에 이르는 엄청난 크기의 영토가 생각날 것 같습니다. 세계 지도를 펼쳐 놓고 보면 그 방대한 크기가 실감 나지요. 그런데 땅덩이의 규모에 비하면 상대적으로 정치적, 경제적인 면에서 선진국이라고 볼 수는 없어요. 역사적으로도 러시아는 서유럽에 비하면 여러 측면에서 뒤떨어진 면이 있었습니다.

이러한 러시아를 강력한 제국으로 만든 사람이 바로 표트르 1세(재위기간 1682~1725)입니다. 러시아 역사상 가장 뛰어난 지도자이자 개혁 군주로 칭송받는 그는 표트르 대제라고도 불리죠.

표트르는 차르(러시아에서 군주를 의미하는 표현. 로마 제국의 황제를 의미하는 카이사르 Caesar 에서 유래했다)의 아들로 태어났지만 아버지가 일찍 세상을 떠나는 바람에 시골 마을에서 자랐습니다. 정치적으로 혼란스러운 상황에서 위험을 피해야 했던 것이죠. 그래서 어린 시절 화려한 황실 생활보다는 서민적인 생활에 익숙했고, 실용적인 기술을 접할 기회가 많았습니다. 황제가 된 후에는 서유럽 문물을 배우기 위해 사절단을 파견했는데 표트르 자신이 직접 몰래 사절단으로 따라가 무기 기술, 조선술, 수학, 기하학, 해부학 등 다양한 분야를 접하고 공부했습니다. 황제가 신분을 숨기고 다

른 나라의 문물을 배우려고 했
다니, 대단히 파격적인 인물이
었음은 분명합니다.

표트르는 서구 문화를 접하
면서 러시아가 여러 면에서 뒤
떨어져 있음을 실감하고 러시
아를 유럽화하는 강력한 개혁
을 추진합니다. 정치, 군사, 산
업, 제도뿐 아니라 문화, 생활 습
관까지도 바꾸게 했습니다. 예
를 들어 당시 러시아 사람들은
수염을 길게 기르고 소매가 긴

콧수염을 기른 표트르 1세의 초상화

전통 의상을 입었는데, 표트르는 긴 수염을 자르게 하고 서양식 콧수염을
장려했습니다. 많은 사람들이 반발하자 표트르는 수염에 세금을 매기는
수염세를 부과하고 귀족들의 긴 소매를 직접 자르기까지 했습니다.

표트르 대제의 업적은 무척 많지만 그중 가장 유명한 것은 상트페테르
부르크 건설입니다. 이 도시가 위치한 네바강 하류의 삼각주는 원래 황
량한 늪지대였습니다. 표트르는 이 늪지대를 메워 신도시를 건설합니다.
전국의 석조 건축을 금지하고 모든 자원을 이곳에 쏟아부을 정도로 황제
의 의지는 강력했습니다. 당시 기술로는 거의 불가능하다고 볼 만큼 어

상트페테르부르크의 겨울궁전

려운 사업이었기에 너무나 많은 국민이 이 과정에서 희생되었다고 합니다. 어떤 사람들은 이 도시를 '뼈 위에 세워진 도시'라고 표현합니다.

1712년 표트르 대제는 러시아의 수도를 새 도시로 옮기고 상트페테르부르크라고 이름 짓습니다. 상트페테르부르크는 성^{Saint} 베드로^{Peter}의 도시라는 뜻인데, 베드로를 러시아어로 표트르라고 하니 결국 표트르의 도시라는 말이지요. 나중에 소련은 공산당 지도자 레닌의 이름을 따 이 도시의 이름을 '레닌그라드'라고 바꾸기도 했습니다. 이 도시는 통치자의 힘을 상징하는 운명을 지닌 모양입니다.

이제 상트페테르부르크는 표트르의 개혁, 러시아 유럽화의 상징과 같은 곳이 됩니다. 러시아에서 가장 서쪽, 즉 유럽과 가까운 곳에 수도를 두고 유럽을 향해 나아가려는 황제의 의지가 반영된 것이죠.

러시아는 예술 분야에서 세계적으로 특별한 위치를 차지하고 있습니다. 특히 푸시킨, 고골, 투르게네프, 톨스토이, 도스토옙스키, 체호프, 고리키 등 세계 문학사를 빛낸 위대한 작가가 많습니다. 러시아 문화의 꽃으로 불리는 발레도 유명합니다. 발레 음악 하면 생각나는 차이콥스키, 한국인에게 유독 사랑받는 라흐마니노프도 러시아 출신입니다. 현대 음악의 창시자라 불리는 스트라빈스키, 민족주의 음악가로 불리는 무소륵스키도 있죠. 이반 4세의 절망을 끔찍하리만큼 리얼하게 그려낸 화가 일리야 레핀, 현대 추상 미술의 대가 칸딘스키도 러시아 사람입니다.

이토록 화려한 러시아 문화의 창조성은 어디에서 비롯되었을까요? 러시아의 전통문화를 대표하는 도시는 모스크바입니다. 그리스 정교(로마의 크리스트교는 서로마의 로마 가톨릭과 동로마의 그리스 정교로 분열된다)의 전통을 이어받은 러시아 정교와 몽골의 지배를 견디며 지니게 된 동방 전제주의의 흔적은 러시아만의 독특한 문화를 만들었습니다. 그런데 여기에 표트르 대제의 개혁과 신도시 상트페테르부르크로 상징되는 서양 문화의 새로운 파도가 덮친 것이죠.

역사를 보면 서로 다른 둘 이상의 문화가 부딪힐 때 창조성의 불꽃이 붙는 경우가 많습니다. 현재 세계 문화를 선도하는 미국도 다양한 문화가 합쳐진 곳입니다. 표트르 대제의 개혁 정책과 그의 도시는 정체되어 있던 러시아 문화에 신선한 산소와 불씨가 되었음이 틀림없습니다.

　하지만 표트르 대제의 놀라운 업적에도 불구하고 화려한 상트페테르부르크 이면에 깔려 있는 국민들의 희생을 생각하면 개운하지 않습니다. 그저 늪을 메우는 도구로 사용되고 버려진 이름 없는 국민들은 과연 그에게 어떤 의미였을까요? 그 깊고 어두운 그늘을 생각한다면 유럽을 향한 창으로 빛나는 '표트르의 도시'를 아름답게만 기념하기는 어려울 듯합니다.

런던 London

정치에 관심 없는 왕 때문에
의원내각제가 시작되었다고?

- 국가(대륙) 영국(유럽)
- 면적 1,572Km²
- 인구 약 800만 명
- 언어 영어
- 기후 서안 해양성 기후
- 대표 관광지 버킹엄 궁전, 런던 타워, 런던 아이, 대영 박물관
- 키워드 입헌군주제, 의원내각제

영국의 국회의사당 웨스트민스터 궁전

2023년 5월 6일 영국 런던의 웨스트민스터 사원에서 국왕 찰스 3세의 대관식이 열렸습니다. 1952년부터 무려 70년간 재위한 엘리자베스 2세가 사망한 후, 65년간 왕세자로 지낸 찰스 3세가 영국의 새로운 국왕이 된 것입니다.

우리가 보기에는 지금이 어떤 세상인데 아직도 왕과 왕비가 있나 싶지요. 사실 영국 내에서도 왕실에 대한 논란이 있습니다. 특히 오랫동안 존경받은 엘리자베스 여왕이 서거한 후 국민에게 인기 없는 찰스가 왕이 되자 왕실 폐지에 대한 목소리가 높아졌지요. 대관식이 거행되는 한편에서는 군주제 폐지를 주장하는 시위가 일어나기도 했습니다.

영국은 입헌군주제 국가입니다. 영국 민주주의 역사는 전제군주제에서 입헌군주제로의 이행과 그 궤를 같이합니다. 전제군주는 권력을 무제한으로 사용하는 왕입니다. '짐이 곧 국가'라는 프랑스 왕 루이 14세의 말을 떠올려 보면 이해하기가 쉽습니다.

1215년 영국의 존 왕은 법에 의해 군주의 권력이 제한될 수 있다는 내용의 〈마그나 카르타Magna Carta〉에 서명합니다. 사실 이 문서는 민주주의로서의 성격을 지녔다기보다는 귀족이 자신의 재산과 권리를 지키기 위

영국 왕실의 관저 버킹엄 궁전

해 만든 것입니다. 그러나 법으로 왕의 권한을 제한할 수 있다는 생각은 의회의 발전과 민주주의에 큰 영향을 미치게 됩니다.

영국에서는 왕권이 제한될 수 있다는 생각이 받아들여지기까지 오랜 세월 갈등을 겪었습니다. 심지어 국왕을 지지하는 세력과 의회파가 내전을 벌이기도 했지요. 10년 가까이 이어진 내전에서 승리한 쪽은 의회파였습니다. 전제 권력을 휘두르던 찰스 1세는 의회파에 패배하면서 사형당합니다.

찰스 1세의 처형 이후 잠시 공화정을 지낸 영국은 다시 왕정으로 복귀합니다. 그런데 이쯤 되면 새로운 왕은 정신을 차리고 세상이 어떻게 돌아가는지 봐야 하지 않았을까요? 그러나 뒤를 이은 찰스 2세와 제임스 2세는 여전히 전제 권력을 놓지 않으려 했고, 국가 재정을 파탄 냈습니다. 제임스 2세는 종교 문제에서도 갈등을 일으켰습니다. 영국은 오랜 역사를 거치며 개신교의 전통을 만들어 왔는데, 제임스 2세가 가톨릭으로 개종했거든요. 의회는 제임스 2세를 쫓아내고 네덜란드에 있는 그의 딸 메리와 메리의 남편 윌리엄을 왕으로 세우기로 합니다.

메리와 윌리엄은 군대를 몰고 영국으로 들어옵니다. 많은 시민이 이들을 열렬히 환영했고 제임스 2세는 프랑스로 망명합니다. 1689년 메리와 윌리엄은 권리장전에 서명하며 공동 왕위에 오릅니다. 유혈 충돌 없이 왕권이 이양되고 군주가 절대적 권리를 가질 수 없음을 선언한 이 사건은 영국 입헌군주제의 출발점이 되었습니다. 피를 흘리지 않은 명예로운 혁명이라 하여 명예혁명이라 불리지요.

메리 여왕과 윌리엄 왕의 뒤를 이어 메리의 여동생 앤 여왕이 왕위를 잇지만 그녀에게서 스튜어트 왕조가 끝납니다. 앤 여왕은 열아홉 명의 아이를 임신했으나 모두 유산 또는 사산되거나 어릴 때 사망하고 말았지요. 영국은 앤 여왕의 먼 친척 중에서 왕위 계승자를 찾았으니, 그가 바로 독일 하노버의 선제후 게오르그 루트비히입니다. 그는 1714년에 영국 왕 조지 1세로 즉위했으며 그로부터 하노버 왕조가 시작됩니다.

독일 출신인 조지는 영어를 할 줄 몰랐고 영국 정치에도 별로 관심이 없었습니다. 심지어 영국 왕이 된 후에도 영국보다는 고향인 독일에 있는 것을 더 좋아했지요. 그는 영국 정치에 참여하지 않고 로버트 월폴에게 전권을 주어 나랏일을 하게 했는데 이렇게 탄생한 것이 바로 수상^{prime minister} 제도입니다. 로버트 월폴은 최초의 수상이 되었고 이때부터 왕이 의회에 통치를 위임하는 의원내각제가 시작됩니다.

영국의 1대 총리 로버트 월폴

영국 국왕이 군림하되 통치하지 않게 된 계기가 영국 정치에 그다지 관심 없는 왕이 즉위했기 때문이라는 사실이 흥미롭습니다. 덕분에 민주주의가 발전했다는 것이 아이러니하네요. 이렇게 영국은 입헌군주제와 의원내각제를 확립하게 되었습니다.

하노버 왕조는 앞서 살펴본 것처럼 독일 귀족 출신입니다. 제1차 세계대전이 터지며 독일이 영국의 적국이 되자 국민 정서를 생각해 왕조 이름을 '윈저'로 바꾸었고, 지금까지 이어지고 있지요.

엘리자베스 여왕의 뒤를 이어 왕좌에 오른 찰스 3세는 새로운 시대에 왕실이 어떤 존재가 되어야 할지, 어떤 역할을 해야 할지 고민해야 할 것입니다. 엄청난 돈이 드는 왕실 행사로 국민에게 즐거움을 주는 것만으

영국 왕과 위인들이 묻혀 있는 런던 웨스트민스터 사원

로는 왕실의 정당성을 담보하기 어려워 보이니까요. 앞으로 영국 왕실이

어떤 길을 가게 될지, 군주제의 미래는 어떻게 될지 지켜봐야겠습니다.

퀘벡 Quebec

영어를 사용하는 캐나다에서
왜 퀘벡만 프랑스어를 사용할까?

- 국가(대륙)　　캐나다(북아메리카)
- 면적　　　　　453Km^2
- 인구　　　　　약 50만 명
- 언어　　　　　프랑스어, 영어
- 기후　　　　　서안 해양성 기후
- 대표 관광지　 올드 퀘벡, 샤토 프롱트낙 호텔, 아브라함 평원
- 키워드　　　　누벨 프랑스, 프랑스어, 분리독립

퀘벡시티의 아브라함 평원

'퀘벡'은 캐나다의 주 이름이기도 하고 퀘벡주의 도시 이름이기도 합니다. 퀘벡주는 캐나다 동부에 있는 가장 큰 주입니다. 오대호와 대서양을 연결하는 세인트로렌스강이 좁아지는 곳에 퀘벡주의 주도 퀘벡시티 Quebec City가 있습니다.

캐나다는 미국과 마찬가지로 영국의 식민지였기에 현재 국민의 대부분이 영어를 사용합니다. 바로 이곳 퀘벡만 빼고요. 퀘벡주에서는 영어보다 프랑스어를 주로 사용하는 사람이 많습니다. 퀘벡의 역사가 프랑스의 식민지로부터 시작되었기 때문이죠.

1534년 프랑스 탐험가 자크 카르티에가 지금의 퀘벡 지역에 도착하면서 이곳을 프랑스의 영토로 선언합니다. 1604년에는 사뮈엘 드 샹플랭이 지금의 퀘벡시티에 모피 교역소를 세우면서 프랑스인들이 정착합니다. 이렇게 퀘벡 지역은 모피 공급지로 주목받으며 프랑스의 지배를 받게 됩니다. 퀘벡주를 포함한 북아메리카의 프랑스 식민지를 '누벨 프랑스 Nouvelle-France (새로운 프랑스라는 뜻)라고 불렀습니다.

18세기 중반 캐나다 북서쪽을 지배하던 영국과 동남쪽을 지배하던 프랑스가 7년간 전쟁을 벌이게 됩니다. 영국과 프랑스 편에 선 인디언 부족

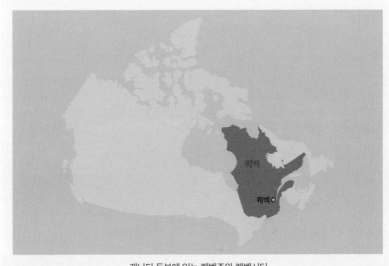

캐나다 동부에 있는 퀘벡주와 퀘벡시티

들까지 함께 싸운 이 전쟁을 프랑스-인디언 전쟁이라고 합니다. 이 전쟁에서 프랑스가 영국에 패하면서 결국 퀘벡은 영국의 지배하에 들어가게됩니다. 그래도 우여곡절 끝에 퀘벡에 남게 된 프랑스인들은 영국 치하에서도 프랑스어를 사용하고 가톨릭을 믿으면서 자신들만의 고유한 문화를 지키며 살았습니다. 이렇게 해서 퀘벡은 영국 색이 강한 캐나다의다른 지역과는 달리 유독 특별한 개성을 지니게 되었습니다. 현재 캐나다는 영어와 프랑스어를 공용어로 사용합니다.

퀘벡시티는 우리나라에서 인기 드라마 〈도깨비〉 촬영지로 유명세를탔습니다. 동화 속 풍경처럼 아름답고 신비로운 모습에 많은 사람이 퀘

샤토 프롱트낙 호텔과 올드 퀘벡 전경

벡 여행에 로망을 가지게 되었지요. 퀘벡시티는 누벨 프랑스의 중심 도
시로서 아메리카 대륙에서 오래된 도시 중 하나입니다. 이곳에서는 마치
유럽에 와 있는 듯한 낭만적인 매력을 느낄 수 있습니다.

퀘벡시티의 랜드마크인 샤토 프롱트낙^{Château Frontenac}은 멀리서도 눈에
띄는 고풍스러운 성입니다. 샤토는 프랑스어로 '성^城'이라는 뜻이고 프롱
트낙은 누벨 프랑스 총독이었던 백작의 이름이라고 합니다. 이 성은 오
랜 역사를 지닌 호텔인데, 제2차 세계 대전 당시 영국의 윈스턴 처칠 총
리와 미국의 루스벨트 대통령이 만나 회담한 곳으로도 유명합니다.

샤토 프롱트낙은 이국적인 누벨 프랑스의 모습이 잘 보존된 올드 퀘벡

올드 퀘벡의 프티 샹플랭 거리

Old Quebec에 있습니다. 퀘벡시티를 개척한 샹플랭은 이곳에 성곽을 건설하고 도시를 요새로 만들었습니다. 올드 퀘벡은 북아메리카에서 성곽도시로는 유일한 곳이며 역사적 유적이 잘 보존되어 있어 유네스코 세계 문화유산으로 지정되어 있습니다.

퀘벡주는 캐나다에서 분리 독립하려는 운동이 일어난 곳입니다. 앞에서 살펴본 바와 같이 퀘벡인들은 캐나다의 다른 지역과 달리 프랑스계로부터 비롯되었습니다. 특히 프랑스어를 쓰며 자신들만의 정체성을 유지해 오는 가운데 다른 주들과 갈등을 겪기도 했지요.

결국 퀘벡 독립 여부에 대한 총투표를 1980년과 1995년 두 차례 실시

했습니다. 두 번 모두 부결됐지만 1995년에는 연방 탈퇴 반대 50.58퍼센트, 탈퇴 찬성 49.42퍼센트로 매우 근소한 차이를 보였습니다.

21세기에 들어와서는 분리 독립에 대한 주장이 다소 수그러드는 추세입니다. 특히 젊은 층은 연방 탈퇴에 반대하는 입장이 우세합니다. 퀘벡인으로서 차별받은 역사를 직접 겪은 과거 세대에 비해 현재의 세대는 연방 정부의 복지 혜택 등 경제적 이점을 누리고 있기 때문이기도 합니다. 이러한 상황 때문에 현재 퀘벡주가 캐나다로부터 독립할 가능성은 적다고 보는 의견이 우세합니다.

오늘날의 캐나다는 다문화 국가로 유명합니다. 캐나다 안의 작은 프랑스 퀘벡이 문화적 정체성을 지키면서 연방 안에서 어떻게 공존하는지 살펴보는 것은 흥미로운 일이 될 듯합니다. 서로 다른 고유의 문화가 공존하는 사회는 풍요로운 토양에서 놀라운 창조성을 꽃피우곤 합니다. 관건은 서로의 문화를 존중하고 다름을 받아들이는 태도일 것입니다.

3장

도시,
혁신을 이끌다

피렌체

근대의 문을 연
단테의 불멸의 사랑

- (영어 이름)   플로렌스Florence
- 국가(대륙)   이탈리아(유럽)
- 면적   102.41Km²
- 인구   약 38만 명
- 언어   이탈리아어
- 기후   온대 기후(온난 습윤 기후, 지중해성 기후)
- 대표 관광지   산타크로체 성당, 우피치 미술관, 베키오 궁전, 베키오 다리
- 키워드   르네상스의 발상지, 단테, 신곡

아르노 강의 베키오 다리

피렌체에 사는 아홉 살 소년 단테 알리기에리는 아버지와 함께 참석한 한 축제에서 아름다운 소녀와 마주치게 됩니다. 부유한 은행가 집안의 딸인 소녀의 이름은 베아트리체. 천사와 같은 베아트리체의 모습은 어린 단테에게 깊게 각인됩니다. 인류 역사상 가장 유명하고 위대한 첫사랑은 이렇게 시작되었습니다.

단테는 소녀를 잊을 수가 없었습니다. 어떻게 하면 그녀를 다시 볼 수 있을까. 우연히라도 마주칠 수는 없을지 생각하며 하염없이 피렌체 거리를 헤맸습니다. 그렇게 9년의 세월이 흘러갔습니다.

어엿한 청년이 된 단테는 그날도 베키오 다리에서 무심히 아르노강을 바라보고 있었습니다. 그런데 이게 꿈일까요. 그의 눈에 들어온 것은 틀림없이 그녀, 베아트리체였습니다. 9년 동안 한순간도 잊지 못한 모습 그대로, 아니 그보다 더 아름답고 성숙한 여인이 된 베아트리체.

단테는 얼어붙은 듯 꼼짝도 할 수 없었습니다. 베아트리체는 단테를 보자 예의 바르고 상냥하게 인사를 건넸지요. 그렇게 운명적인 시간이 쏜살같이 지나가 버렸습니다. 그 후 단테는 다시는 그녀를 볼 수 없었습니다. 베아트리체는 부유한 가문의 남자와 결혼했고, 단테 역시 다른 여성

헨리 홀리데이, 〈피렌체 아르노 강변에서 단테와 베아트리체의 첫 만남〉, 1883년

과 결혼했습니다.

3년 후 베아트리체가 스물네 살의 젊은 나이로 세상을 떠났다는 소식이 들려옵니다. 마음속에 오직 그녀만을 품고 있던 단테는 그야말로 충격에 빠집니다. 단테에게 베아트리체는 숭고하고 완벽한 사랑이자 구원의 여인이었기 때문이지요.

단테는 피렌체에서 정치 활동을 하다가 반대파에 의해 추방당합니다. 사랑하는 고향을 떠나 유럽을 떠돌게 된 단테는 고독과 절망 속에서 인류 역사상 가장 위대한 작품으로 손꼽히는 『신곡』을 쓰게 됩니다.

불멸의 고전 『신곡』은 인생의 중반에 길을 잃은 단테가 두 명의 안내자를 만나 지옥, 연옥, 천국을 여행하는 이야기를 담은 서사시입니다. 단테가 살던 시기는 중세의 막바지였는데, 중세 유럽은 기독교가 삶의 중심이었고 학문, 문화, 예술 모두 신을 중심으로 이루어졌습니다. 사람들은 신에게 구원받은 사람은 천국에 들어가고, 죄를 지어 구원받지 못한 사람은 지옥에 간다고 믿었습니다. 천국에 들어가기

도메니코 디 미켈리노, 〈단테의 신곡〉, 1465년

에는 부족하고, 그렇다고 지옥에 갈 만큼 죄가 크지 않은 사람은 연옥에 간다고 생각했습니다. 단테의 『신곡』은 중세 기독교 문학을 총결산하는 의미를 지닙니다.

『신곡』에서는 단테를 인도하는 사람이 중요합니다. 단테를 지옥과 연옥으로 안내하는 사람은 고대 로마의 위대한 서사 시인 베르길리우스입니다. 단테는 글을 쓰기 위해 고대 그리스와 로마의 서사시를 많이 읽었습니다. 단테에게 고대의 훌륭한 시는 고전이었고, 고대의 시인은 스승이 되었겠지요. 『신곡』에서 베르길리우스는 마치 스승처럼 단테를 친절하게 가르치고 위험에서 구해 주며 준엄한 깨달음을 줍니다.

산타크로체 성당 앞의 단테

이제 천국으로 향하는 길, 단테 앞에 새로운 안내자가 등장합니다. 바로 불멸의 사랑 베아트리체입니다. 그녀는 마치 성모 마리아처럼 완벽하고 성스러운 모습으로 나타납니다. 이제 단테는 베아트리체와 함께 천국을 여행하면서 깨달음과 구원을 얻습니다.

『신곡』은 중세 막바지에 기독교 문학을 결산한 작품이자 근대라는 새로운 시대를 연 불멸의 작품입니다. 중세 시대에는 모든 것이 신을 향하고, 신을 통해서만 구원을 얻을 수 있었습니다. 그런데『신곡』에서 단테를 인도한 것이 누구입니까? 그리스와 로마의 고전 시인 그리고 단테가 진정으로 사랑한 여인이지요. 신을 향한 사랑에서 인간을 향한 사랑으로의 변화. 단테는 『신곡』을 통해 근대의 문을 연 것입니다. 단테로부터 고대 그리스와 로마의 인문주의를 되살리자는 문화 운동이 태동합니다. 이렇게 『신곡』은 화려하고 찬란한 르네상스의 시작점이 됩니다. 단테와 베아트리체가 거닐던 피렌체는 르네상스의 중심지가 되지요.

이루지 못한 첫사랑, 너무도 빨리 세상을 떠난 베아트리체는 단테의 『신곡』을 통해 힘들고 어려운 삶을 견뎌 온 인간을 천국으로 이끌어 주는 불멸의 여인이 되었습니다. 단테와 베아트리체의 짧은 만남은 근대의 문을 연 『신곡』이 태어나는 밑거름이 되었지요. 사랑의 힘이란 진정 위대합니다.

파리|Paris

에펠탑이 완공되면
파리를 떠나겠다더니?

- 국가(대륙)   프랑스(유럽)
- 면적 $105Km^2$
- 인구   약 216만 명
- 언어   프랑스어
- 기후   서안 해양성 기후
- 대표 관광지   에펠탑, 루브르 박물관, 노트르담 대성당
- 키워드   에펠탑, 에펠탑 효과, 파리 만국 박람회

세느강과 에펠탑이 보이는 파리의 풍경

프랑스 파리 하면 무엇이 떠오르나요? 아마 열에 아홉은 에펠탑이라고 답하지 않을까요? 파리를 방문하는 사람이라면 대부분 에펠탑을 배경으로 사진을 찍습니다. 에펠탑은 모두가 사랑하는 파리의 상징이지요.

하지만 처음부터 에펠탑이 이렇게 많은 이들의 사랑을 받은 것은 아닙니다. 에펠탑이 지어질 때만 해도 사람들은 파리의 아름다운 경관과 어울리지 않는 흉물스러운 고철 덩어리라며 혹평을 퍼부었지요. 이랬던 에펠탑이 어떻게 세계적으로 사랑받는 랜드마크가 되었을까요?

1889년 프랑스 혁명 100주년을 기념하여 프랑스 파리에서 세계 박람회가 열렸습니다. 세계 박람회 또는 만국 박람회를 지금은 엑스포라고 부르지요. 엑스포는 세계의 여러 나라가 참가해 각국의 생산품을 전시하고 최신 기술을 선보이는 세계적 행사입니다. 엑스포의 시초는 1851년 런던에서 열린 세계 박람회로, 영국은 이때 수정궁을 선보이며 전 세계에 자국의 기술과 역량을 과시했습니다(수정궁은 영국이 세계 박람회를 위해 철과 유리로 만든 건물로, 석재나 벽돌을 전혀 쓰지 않아 전 세계인을 깜짝 놀라게 했습니다).

프랑스는 1889년의 파리 박람회를 단단히 벼르고 있었습니다. 1870년 프로이센과의 전쟁에서 패배한 프랑스가 자존심에 깊은 상처를 입었거

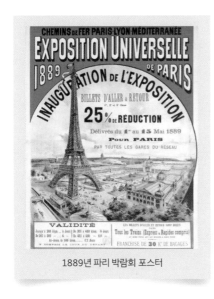
1889년 파리 박람회 포스터

든요. 공화국이 된 프랑스는 이 때의 굴욕을 만회하고 국력을 과시하고 싶었습니다.

프랑스의 자부심이 될 만한 아이디어를 공모한 결과 구스타프 에펠의 설계가 채택되었습니다. 그는 높이 300미터에 이르는 철탑 구조물을 고안했습니다. 만약 이 구조물이 실제로 지어진다면 세계에서 가장 높은 건축물이 되는 것이었지요. 에펠은 하늘 높이 솟은 철골로 만든 구조물이 산업화의 성공을 상징적으로 보여 준다고 생각했습니다.

하지만 파리의 시민과 예술가들은 뾰족한 철제 건축물이 아름다운 석조 건물로 이루어진 계획도시 파리에 어울리지 않는다고 생각했습니다. 이렇게 크고 높은 탑이 무너지면 어쩌나 걱정하는 사람도 있었지요. 에펠은 탑 건설에 자본을 투자하는 사람을 찾기 어려워 대부분의 건설비를 자신이 부담했다고 합니다. 대신 20년 후에 에펠탑을 철거하기로 하고, 그동안 에펠탑의 수익은 에펠이 독점하기로 했지요(에펠은 에펠탑을 공개한 지 3년 만에 본전을 찾았다고 합니다).

2년 2개월여 간의 공사 끝에 에펠탑은 세계에서 가장 높은 탑으로 파

파리 박람회 당시 에펠탑 근처를 산책하는 사람들

리 만국 박람회의 화제가 됩니다. 프랑스는 에펠탑을 통해 놀라운 건축 기술과 최첨단 공학 기술을 자랑합니다. 박람회 기간 동안 많은 사람들이 에펠탑을 보러 왔고, 걸어서 탑에 올라갔습니다. 에펠탑 1층에는 프랑스의 과학자, 공학자, 수학자들의 이름이 새겨졌습니다. 프랑스는 기대했던 대로 에펠탑 덕분에 자존심을 회복할 수 있었지요.

그렇다면 에펠탑 건설을 반대했던 시민과 예술가들은 어떻게 되었을까요? 그토록 꼴보기 싫다고 생각한 에펠탑이었지만, 자꾸 보니까 괜찮아지고 심지어 매력적으로 느껴지기까지 했습니다. 에펠탑은 완공된 지 20년 후 철거할 때가 되자 에펠탑의 높이를 이용해 송신용으로 쓰자는

파리의 랜드마크 에펠탑

의견이 받아들여져 지금까지 남게 되었습니다. 특히 제1차 세계 대전 때 에펠탑에 설치된 송신기가 독일군의 전파를 방해해서 승리에 도움이 된 적도 있지요. 제2차 세계 대전 때 파리는 히틀러가 입성하는 굴욕을 겪었습니다. 이때 프랑스의 레지스탕스(프랑스어로 '저항'이라는 뜻으로, 나치 독일에 저항한 프랑스 시민)들은 위험을 무릅쓰고 에펠탑 꼭대기의 독일기를 프랑스 국기로 바꾸어 겁니다. 이러한 역사를 기치며 에펠탑은 프랑스인들에게 더욱 소중한 존재가 되었습니다.

어떤 대상을 싫어했으나 자꾸 접하다 보니 호감이 생기는 현상을 '에펠탑 효과Eiffel Tower Effect'라고 합니다. 단순 노출 효과라고도 부르는데, 마케

팅에서 자주 활용하지요. 에펠탑을 싫어했지만 계속 보다 보니 결국 사랑하게 된 파리인들에게서 나온 재미있는 이름입니다. 하지만 프랑스인들에게 에펠탑은 그저 자주 봐서 익숙해진 대상이 아닐 겁니다. 이 '철의 여인'은 영광과 치욕의 역사를 함께 지내 온 그들의 자부심이겠지요.

그럼에도 불구하고 프랑스의 대문호 모파상은 에펠탑이 보기 싫어 에펠탑에서 식사를 했다고 하네요. 파리에서 에펠탑이 안 보이는 곳이 그곳뿐이라나요? 진위를 알 수 없는 유명하고도 재치 있는 이야기입니다. 사실 한 명 정도는 끝까지 싫어할 수도 있는 것 아니겠어요?

두바이^{Dubai}

두바이가 부유해진 이유가
석유 때문이 아니라고?

- 국가(대륙) 아랍에미리트(서아시아)
- 면적 4,114Km²
- 인구 약 355만 명
- 언어 아랍어
- 기후 사막 기후
- 대표 관광지 부르즈 할리파, 팜 아일랜드, 버즈 알 아랍
- 키워드 두바이의 경제 성장, 세계 금융 위기

세계에서 가장 높은 건물 부르즈 할리파와 두바이 전경

부가티, 페라리, 람보르기니, 벤츠 같은 슈퍼카를 경찰차로 쓰는 나라. 두바이의 부유함은 그 소문부터 어마어마합니다. 부자들이 슈퍼카를 그냥 버린다더라, 거지가 한 달 만에 엄청난 돈을 벌었다더라, 치타를 애완동물로 키운다더라 등 떠도는 재미있는 이야기가 많습니다.

두바이는 페르시아만에 위치한 아랍에미리트의 토후국(지방의 군주가 다스리는 나라로, 서양 봉건제도의 공국과 비슷하다. 아랍에미리트는 토후국들이 연합한 국가)이자 세계적인 대도시입니다. 두바이에는 높이 828미터, 층수 163층으로 세계에서 가장 높은 건물인 부르즈 할리파^{Burj Khalifa}(부르즈는 아랍어로 탑이라는 뜻)가 있습니다. 사진으로만 봐도 그 위용이 놀라운데, 이 대단한 건물을 우리나라의 기업이 지었다고 합니다.

심지어 두바이는 섬을 만들어 땅을 넓히고 있습니다. 팜 아일랜드^{Palm Islands}는 두바이 해안에 만들고 있는 세 개의 인공섬입니다. 그중 팜 주메이라^{Palm Jumeirah}는 바다를 매립해서 야자수 모양으로 만든 섬인데, 긴 해안에 화려한 호텔과 워터파크, 고급 빌라가 들어서 있습니다. 주메이라 해변에는 두바이의 최고급 7성급 호텔 부르즈 알 아랍이 있습니다. 이 호텔은 모든 객실이 바다가 보이는 스위트룸이라고 합니다. 이 호텔이 바

야자수 모양으로 만든 인공섬 팜 주메이라

다 쪽으로 돌출된 인공섬에 세워져 있기 때문이지요. 높이 321미터, 돛
모양의 호텔 부르즈 알 아랍은 호화롭기로 유명한 두바이의 랜드마크입
니다.

원래 두바이는 진주를 채취하며 어업에 종사하는 작은 어촌 마을이었
습니다. 게다가 1년 내내 비도 거의 오지 않는 사막에 위치해 있습니다.
이러한 두바이가 어떻게 이렇게 부유해질 수 있었을까요?

페르시아만에 접한 아랍에미리트의 도시이니 당연히 석유 덕분이라
고 생각하는 사람이 많겠지만, 아랍에미리트 석유의 95퍼센트는 아부다
비에 매장되어 있습니다. 1966년 두바이에서도 적은 양의 석유가 발견

호텔 부르즈 알 아랍

되면서 새로운 국면을 맞이합니다. 하지만 두바이는 석유에 의존하기보다는 금융, 해운, 항공, 관광 등 다양한 산업을 육성하려고 노력했습니다.

아랍에미리트는 유럽과 아프리카, 아시아의 가운데에 위치해 있는데 두바이는 이러한 지리적 이점을 활용해 세계 물류의 중심지로 성장합니다. 항만뿐만 아니라 항공에도 투자하면서 세계적인 항공사도 세우지요. 비행기로 아시아와 유럽을 오고 갈 때는 두바이를 경유하는 경우가 많습니다. 두바이는 이러한 이점을 살려 세계적인 비즈니스와 관광의 중심지가 되었습니다. 특히 장벽을 낮춰 시장을 개방하고 외국의 자본을 끌어들여 부동산 개발, 관광 등에 집중적으로 투자했습니다. 이러한 과정에

중동 최대의 물류항 제벨 알리 항구

서 부르즈 할리파와 팜 아일랜드 등을 짓게 되었지요. 두바이의 경제는 눈부시게 성장했고, 지금도 경제 개발이 계속되고 있습니다.

그러나 2008년 미국에서 시작된 금융 위기로 두바이의 돈줄이 마르게 됩니다. 두바이의 경제는 지나치게 빠른 성장으로 거품처럼 부풀었지만, 그 이면에는 엄청난 부채가 쌓여 있었지요. 이러한 상황에서 글로벌 금융 위기가 닥치자 두바이는 커다란 위기에 처하고 맙니다. 결국 아부다비에 엄청난 지원을 받게 되었고, 두바이의 최고층 건물인 '부르즈 두바이'의 이름은 '부르즈 할리파'로 바뀌게 됩니다. 할리파는 아부다비의 왕이자 아랍에미리트의 대통령이었던 셰이크 할라파 빈 자이드 알 나하얀의 이름입니다.

　눈부시게 빠른 두바이의 경제 성장에는 또 하나의 그늘이 있습니다. 바로 외국인 노동자의 처우 문제입니다. 두바이 인구 중 외국인의 비율이 80퍼센트를 넘습니다. 이들은 인도나 파키스탄 등 주로 남아시아 출신입니다. 세계 최고의 건축물을 끊임없이 지어내는 진짜 주인공은 바로 외국인 노동자들입니다. 하지만 세계에서 가장 부유하다는 두바이가 이들에게 준 것은 적은 임금과 열악한 처우였습니다. 사실상 두바이는 이들에 의해 돌아가고 있는데도 말이지요.

　두바이는 경제 위기를 겪은 후 다시금 도약하고 있습니다. 국제 사회의 여론이 나빠지면서 외국인 노동자의 권리를 보호하는 개혁도 시도하고 있지요. 우리는 두바이의 눈부신 발전뿐만 아니라 그 위기와 문제도 함께 주목해야 합니다. 마찬가지로 눈부신 경제 성장을 거둔 우리에게 두바이의 빛과 그림자는 중요한 교훈이 될 것이기 때문입니다.

카이로 Cairo

나일강의 범람 덕분에 발전한
고대 이집트의 지식과 기술

- **국가(대륙)**   이집트(아프리카)
- **면적**   606Km^2
- **인구**   약 1,000만 명
- **언어**   아랍어
- **기후**   사막 기후
- **대표 관광지**   기자의 피라미드와 스핑크스, 술탄 하산 모스크, 알 아즈하르 모스크
- **키워드**   나일강, 피라미드, 탈레스

나일강이 흐르는 카이로 시내

지금으로부터 약 2,600년 전에 그리스 밀레토스 지방에 탈레스라는 사람이 살았습니다. 탈레스는 만물이 물로 이루어져 있다고 말한 유명한 철학자로 천문학, 수학 분야에서 놀라운 업적을 세워 철학의 아버지, 최초의 수학자 등으로 불립니다.

탈레스가 이집트를 여행할 때의 일입니다. 이집트의 파라오가 탈레스에게 물었습니다.

"저 피라미드의 높이를 잴 수 있겠소?"

탈레스는 잠시 생각한 후 들고 있던 지팡이를 바닥에 꽂았습니다. 이집트는 1년 내내 해가 쨍쨍한 곳이니 바닥에는 선명한 그림자가 생겼죠. 탈레스는 어떻게 피라미드의 높이를 잴 수 있었을까요?

힌트는 지팡이와 그림자입니다. 그렇습니다, 직각 삼각형의 닮음 개념을 이용해 비례식을 세우면 다음과 같은 식이 만들어집니다.

피라미드의 높이 : 피라미드의 그림자 길이 = 지팡이 길이 : 지팡이의 그림자 길이

피라미드의 높이를 구하려면 피라미드의 그림자 길이와 지팡이의 길

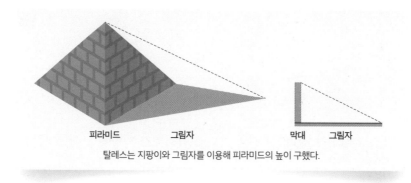

이를 곱한 후 지팡이의 그림자 길이로 나누면 됩니다(물론 여기서 피라미드 그림자의 실제 길이를 구하려면 그림자 길이에 피라미드 중심에서 한 변까지의 길이를 더해야 합니다).

탈레스가 높이를 구한 대피라미드는 이집트의 수도 카이로의 도시권에 있는 기자에 있습니다. 이집트는 메소포타미아 문명과 더불어 세계에서 가장 오래된 문명의 발상지입니다. 피라미드가 건설되기 시작한 때가 기원전 2,700년경이라고 하니 그저 놀라울 뿐이지요. 우리가 볼 때 2,600년 전 사람인 탈레스의 눈에도 피라미드는 2,000년 전의 유적이었으니까요. 심지어 피라미드를 외계인이 지었다고 주장하는 사람도 있었어요. 고대 세계 7대 불가사의 중 현재 유일하게 남아 있는 것이 바로 기자의 대피라미드입니다.

피라미드가 이집트의 왕 파라오의 무덤이라는 것은 널리 알려진 사실입니다. 과거에는 파라오가 백성들을 노예로 부려 피라미드를 건설했다

기자의 피라미드와 스핑크스

고 생각했는데, 최근에는 건설 노동자들에게 임금을 주었다는 사실이 알려졌습니다. 임금을 제때 주지 않아 파업했다는 기록이 남아 있거든요. 이집트의 수학, 과학, 건축 기술도 경이롭지만 그 먼 옛날 임금을 주고 대규모 공사를 했다니, 피라미드에 대해 알면 알수록 놀라울 따름입니다.

지금도 카이로 시내를 유유히 흐르는 나일강은 이집트인에게 축복과 같은 존재입니다. 이집트는 1년 내내 비가 거의 오지 않는 사막에 있습니다. 아프리카 적도 근처에서 시작해 지중해까지 흐르는 나일강이 없었다면 이집트에 문명이 발생하기는커녕 사람이 살 수도 없었을 겁니다.

비도 오지 않는 이집트에 놀랍게도 홍수가 일어날 때가 있었습니다. 상류에서 불어난 강물이 하류의 이집트까지 몰려와 강이 범람하면 땅이 물에 잠겼지요. 이때 농사에 도움을 주는 비옥한 흙이 쌓였습니다. 더 좋은 점은 범람이 규칙적이었다는 것입니다. 이집트 사람들은 나일강의 범람을 예측하기 위해 천문학을, 토지를 측량하기 위해 수학과 과학 기술을 발달시켰습니다.

이렇게 보니 피라미드의 경이와 고대 이집트의 놀라운 지식과 기술은 모두 나일강 덕분입니다. 나일강은 이집트뿐 아니라 인류 문명에도 선물과 같은 존재임이 틀림없습니다.

싱가포르^{Singapore}

밀림으로 덮여 있던 쓸모없는 땅에서
전 세계를 잇는 허브가 되다

- 국가(대륙) 싱가포르(아시아)
- 면적 728,6Km^2
- 인구 약 545만 명
- 언어 영어, 말레이어, 중국어
- 기후 열대 우림 기후
- 대표 관광지 마리나베이 샌즈 호텔, 가든스 바이더 베이, 센토사 섬
- 키워드 도시 국가, 문화의 다양성, 경제 성장

싱가포르의 랜드마크 마리나베이 샌즈 호텔

싱가포르는 서울보다 조금 큰 도시 국가입니다. 이 작은 나라의 1인당 GDP는 2023년 기준 9만 1,100달러로 스위스에 이어 세계 5위, 아시아에서는 1위 수준입니다(참고로 같은 해 기준으로 우리나라의 1인당 GDP는 약 3만 3,400달러였습니다).

싱가포르는 화려한 도시 경관으로도 유명합니다. 특히 싱가포르의 랜드마크인 마리나베이 샌즈 호텔은 세 개의 호텔 건물 위에 보트가 얹힌 독특한 형태의 건물로, 보트 맨 위의 인피니티풀이 유명합니다. 이 건물을 설계한 건축가조차 설계도대로 건물이 지어질 거라고는 상상하지 못했다고 하지요. 이 놀라운 건물을 우리나라의 건설사가 시공했습니다. 마리나만 근처에는 이 외에도 개성이 강한 마천루와 관광객의 시선을 모으는 랜드마크가 즐비합니다.

싱가포르에 현대적인 건물만 있는 것은 아닙니다. 도시 안에서 택시로 10~20분 정도만 움직이면 세계 4대 종교의 사원을 모두 볼 수 있습니다. 금빛 돔이 눈길을 사로잡는 이슬람교 사원인 술탄 모스크가 있고, 부처님의 이를 모셨다는 불아사, 그 옆에 힌두교 사원인 스리 마리암만 사원도 있습니다. 고딕 양식의 아름다운 건물인 세인트앤드루스 대성당은

싱가포르의 이슬람 사원 술탄 모스크

영국 성공회 예배당입니다.

전 세계에 이렇게 다양한 종교 사원이 옹기종기 붙어 있는 곳이 또 있을까요? 다양한 종교와 문화를 지닌 사람들이 평화롭게 함께 사는 곳은 흔치 않습니다. 여러모로 참으로 신기한 나라입니다.

싱가포르는 다양한 민족이 함께 사는 다인종 다민족 국가입니다. 전 인구의 74퍼센트 정도가 중국계이며, 13퍼센트가 말레이인, 9퍼센트가 인도계 싱가포르인이라고 합니다. 이렇게 다양한 민족과 문화를 지닌 사람들이 이 좁은 땅덩어리에서 어떻게 평화롭게 이토록 눈부신 경제 발전을 이룰 수 있었을까요?

토머스 스탬퍼드 래플스의 이름을 딴 래플스 호텔

　현대 싱가포르의 역사는 19세기 초 영국 동인도 회사의 토머스 스탬
퍼드 래플스가 이곳을 항구 도시로 개발하면서 시작됩니다. 19세기 유
럽의 강대국들은 전 세계를 식민화하면서 동방 무역을 통해 막대한 부를
쌓고 있었죠. 말레이시아와 인도네시아 사이의 말라카 해협은 인도양과
태평양을 잇는 해상 교통의 요지로서 인도에서 중국을 향하는 최단 거리
의 항로입니다. 당시 세계 무역의 최강국인 네덜란드가 이 지역을 장악
하고 있었죠. 하지만 밀림으로 덮여 있던 싱가포르섬은 네덜란드의 관심
밖에 있었고, 이를 알게 된 영국의 래플스가 이 지역을 개척했습니다. 중
국 화교를 비롯한 다양한 외국인들이 몰려들면서 싱가포르는 영국의 자

싱가포르의 대표적인 랜드마크 가든스 바이 더 베이의 슈퍼트리 그로브

유 무역 항구로 발전했습니다. 래플스는 지금까지도 싱가포르를 개척한 사람으로 존경받고 있으며 도시 여기저기에는 그의 동상이 세워져 있습니다.

제2차 세계 대전 후 말레이시아와 싱가포르는 영국으로부터 독립한 후 하나의 나라가 되었으나 1965년 싱가포르가 말레이시아에서 분리되면서 독립 국가가 되었습니다. 작은 도시 국가 싱가포르는 오세아니아와 아시아, 유럽 및 아프리카를 잇는 허브 역할을 하면서 중계무역, 금융 산업 등을 통해 엄청난 경제 발전을 이루게 됩니다. 그리하여 우리나라, 대만, 홍콩과 더불어 아시아의 네 마리 용이라 불리게 되지요.

특히 말레이시아와의 합병 및 분리 과정에서 있었던 민족 간의 갈등을 교훈 삼아 인종 차별을 없애기 위해 노력했습니다. 강력한 법을 집행하고, 공직에 다양한 인종을 고루 등용했으며, 영어를 공용어로 삼았습니다. 문화적으로도 다양한 민족이 자연스럽게 융합하도록 여러 제도를 시행했습니다. 다양한 인종과 문화가 섞이면서 특유의 개성 있는 문화가 발전하고 역동적인 성장이 가능해졌습니다.

그러나 싱가포르의 눈부신 경제 성장 이면에는 어두운 측면도 존재합니다. 권위주의 정부가 시민의 자유를 지나치게 통제하고 있어서 실질적으로 민주 국가라 보기는 어렵습니다. 또한 빈부 격차가 심하고 노동 시간이 길며 노조에 대한 규제가 강하다는 점도 경제 발전의 그늘이라고 볼 수 있지요.

싱가포르만큼 공과 과가 드라마틱하게 드러나는 나라는 흔치 않아 보입니다. 눈부신 경제 발전의 빛으로 어두운 그늘을 따뜻하게 비추는 방법은 없는 것일까요?

초고층 빌딩숲 한가운데
거대한 공원을 조성한 이유는?

- · 국가(대륙) 미국(북아메리카)
- · 면적 1,214.4Km^2
- · 인구 약 880만 명
- · 언어 영어
- · 기후 서안 해양성 기후
- · 대표 관광지 센트럴 파크, 메트로폴리탄 미술관, 자유의 여신상
- · 키워드 맨해튼, 월스트리트, 타임스퀘어

뉴욕 맨해튼의 센트럴 파크

세계의 수도, 잠들지 않는 도시, 세계 경제와 문화의 중심지, 세계에서 가장 부유한 도시 등은 모두 뉴욕을 지칭하는 표현입니다. 미국의 수도는 워싱턴 D.C.이지만 뉴욕은 세계의 수도라고 하지요. 이것만 봐도 뉴욕이 세계에서 가장 유명한 도시임을 부인하기는 어려워 보입니다. 뉴욕은 어떻게 세계 최고의 도시가 되었을까요?

지금의 뉴욕을 처음 도시로 만든 건 네덜란드입니다. 17세기의 네덜란드는 해상 강국이었습니다. 뉴욕의 맨해튼섬 남쪽에 도착한 네덜란드인들은 본국 수도의 이름을 따서 이곳을 뉴암스테르담이라고 이름 짓습니다. 1626년 네덜란드인들은 원주민들에게 대략 24달러어치 정도의 서양 물품을 주고 이곳 땅을 샀다고 합니다. 뛰어난 상인이었던 네덜란드인들은 맨해튼을 식민지 교역의 중심지로 만들었습니다.

그러나 이후 식민지 개척에 박차를 가하던 영국이 이곳을 공격해 정복해 버립니다. 영국 국왕 찰스 2세는 이 지역을 동생에게 선물로 주었고, 동생인 '요크' 공작의 이름을 따 이 지역의 이름을 '뉴암스테르담'에서 '뉴욕New York'으로 바꾸어 지금에 이르게 됩니다.

뉴욕시는 다섯 개 자치구(맨해튼, 브루클린, 퀸스, 브롱크스, 스태튼 아일랜드)로

뉴욕시 지도

이루어져 있는데, 이 중 오리지널 뉴욕이라 불리는 뉴욕의 심장 맨해튼 위주로 살펴보겠습니다.

네덜란드인들은 이곳을 처음 개발할 때 외부의 침입을 막기 위해 지역 경계에 긴 벽^{wall}을 세웠습니다. 나중에 영국에 의해 이 벽이 허물어지는데, 이 벽이 있었던 곳이 '월스트리트^{Wall Street}'가 되었습니다.

네덜란드인들은 이곳에서 모피 무역을 하면서 주식과 채권 등을 활발히 거래했고, 영국이 이 지역을 점령한 후에도 상업과 무역, 거래가 활발히 이루어졌습니다. 1792년, 월스트리트 근처의 버튼우드 나무 아래에서 증권 거래인들이 모여 거래의 규칙을 정했습니다. 이것을 버튼우드

월스트리트와 뉴욕 증권 거래소

협정이라고 하며, 뉴욕 증권거래소의 기원이 되었습니다. 이 외에 나스닥, 대형 금융 회사 등이 몰려 있는 월스트리트는 현재 세계 경제를 좌지우지하는 전 세계 금융의 허브 역할을 하고 있습니다.

맨해튼은 도로가 가로세로 반듯한 격자 형태로 정비되어 있는데, 유독 이곳을 비스듬하게 가로지르는 눈에 띄는 길이 브로드웨이입니다. 이 길은 과거 원주민들이 말을 타고 다니던 길이었다고 합니다. 지금의 브로드웨이는 수많은 극장과 공연장이 모여 있는 세계 문화의 중심지이죠. 브로드웨이와 가로세로의 도로가 만나면서 삼각형 모양의 공간이 생기고 이곳에 많은 사람이 모이게 되었는데 이곳이 바로 타임스퀘어입니다.

맨해튼의 타임스퀘어

타임스퀘어는 세계의 사거리라 불립니다. 이곳에는 세계 최대 브랜드
의 광고가 쏟아져 나오는 대형 광고판이 가득합니다. 워낙에 많은 사람
들이 모여드는 곳이어서 간판이 생기기 시작했는데, 지금은 LED 광고판
이 눈부시게 화려한 광경을 만들어 내는 곳입니다. 엄청난 광고비를 내
야 이곳에 광고를 할 수 있는데, 세계적인 우리나라 기업의 광고도 볼 수
있지요.

뉴욕 하면 떠오르는 장면은 정신을 쏙 빼놓을 정도로 화려한 타임스퀘
어와 뉴욕의 랜드마크인 엠파이어 스테이트 빌딩을 비롯한 고층 빌딩 숲
이 번화한 모습입니다. 반면 맨해튼의 센트럴 파크는 완전히 다른 세계

센트럴 파크에서 여유를 즐기는 사람들

입니다. 세계에서 인구밀도가 가장 높은 이곳에 놀라울 정도로 넓고 아름다운 공원이 펼쳐져 있습니다.

처음 맨해튼을 설계할 때에는 온통 빽빽한 고층 건물이 가득한 곳으로 만들려 했다고 합니다. 센트럴 파크를 설계한 조경가 프레더릭 로 옴스테드는 이렇게 말했다고 하지요.

"지금 이곳에 공원을 만들지 않는다면 100년 후에는 이만 한 크기의 정신병원이 필요할 것이다."

세계에서 가장 바쁘게 돌아가는 뉴욕에서 이 아름다운 공원에 앉아 있노라면 그의 선견지명에 감탄하게 됩니다.

최근에 번화함, 화려함, 부유함의 정점에 있는 뉴욕이 가라앉고 있다는 연구 결과가 나와 많은 사람을 놀라게 했습니다. 지나치게 많은 고층 건물의 무게가 지반을 누르고 있으며 해수면이 상승해 매년 2밀리미터씩 가라앉고 있다는 겁니다.

해수면 상승을 불러일으키는 탄소를 세계적으로 많이 배출하는 도시가 뉴욕입니다. 뉴욕의 빛나는 번영 뒤에는 환경오염과 빈부 격차 같은 그림자가 있음을 떠올리게 됩니다. 위기를 기회로 만들어 온 세계의 수도는 이제 지금까지와는 다른 새로운 선택을 해야 하지 않을까요?

멘로파크 Menlo Park (실리콘밸리)

21세기의 전설은
작은 차고에서 시작되었다

- **국가(대륙)**   미국(북아메리카)
- **면적**   45.03Km^2
- **인구**   약 3만 4,000명
- **언어**   영어
- **기후**   온대 기후(지중해성 기후)
- **키워드**   실리콘밸리, 차고, 구글, 애플

멘로파크의 상업 및 주거 지역 항공뷰

미국 캘리포니아 멘로파크에 사는 수전은 집값을 갚느라 허리띠를 졸라매야 했습니다. 하버드에서 문학을, UCLA에서 경영학을 공부한 그녀는 대기업인 인텔에 취직했지만 아직 젊은 나이인 데다 결혼한 지도 얼마 되지 않아 돈이 필요했습니다. 미국에서도 워낙에 집값이 비싼 지역이었거든요.

고민 끝에 수전은 차고에 세를 주기로 했습니다. 한 달에 1,700달러면 싼 가격은 아니었지만 다행히 대학원생 2명이 찾아왔습니다. 근처에 있는 스탠퍼드 대학교에서 공부하는 학생들이었지요.

이 대학원생들은 차고를 빌려 무슨 일을 하려고 한 것일까요? 수전에게 차고를 빌린 대학원생들의 이름은 래리 페이지와 세르게이 브린입니다. 두 사람은 수전의 차고에서 뚝딱뚝딱 회사를 하나 만듭니다. 그 회사의 이름이 바로 '구글^{Google}'입니다.

차고에서 학생들을 지켜본 수전은 이들이 범상치 않으며 지금 하는 일이 엄청난 가치가 있음을 알아차렸습니다. 그녀는 인텔을 그만두고 그들과 함께하기로 결심합니다. 이렇게 해서 수전은 구글의 열여섯 번째 직원이자 첫 번째 마케팅 책임자가 됩니다.

구글의 시작이 된 수전 워치츠키의 차고

모두가 알다시피 구글은 전 세계인이 사용하는 최고의 검색 엔진이 됩니다. 구글의 성장을 이끈 수전 워치츠키는 동영상을 기반으로 한 플랫폼 회사를 인수하자고 주장했습니다. 많은 전문가들이 회의적인 반응을 보였지만 수전은 확신에 차 일을 추진했지요. 그녀의 주도하에 구글이 인수한 회사가 바로 '유튜브'입니다. 수전은 유튜브의 CEO가 되었고 유튜브를 세계 최고의 동영상 플랫폼으로 만들었습니다. 2017년 『포브스』지는 그녀를 '세계에서 가장 영향력 있는 여성' 6위에 선정했습니다.

워치츠키의 차고가 위치한 멘로파크는 실리콘밸리의 작은 도시입니다. 실리콘밸리는 미국 캘리포니아주의 샌프란시스코만 남쪽 끝에 위치

캘리포니아 마운틴뷰에 있는 구글 본사

한 지역을 가리킵니다. 실리콘밸리에는 구글, 애플, 아마존, 메타, 테슬라 등 첨단 기술 회사들이 밀집해 있습니다. 세계에서 가장 혁신적인 곳, 최고의 기술이 모여 있는 곳, 모험과 도전, 꿈과 성공이 존재하는 곳이 바로 실리콘밸리입니다.

멘로파크에서 시작된 구글은 곧 팰로앨토로 옮겨 갔고, 지금 본사는 마운틴뷰에 있습니다. 현재 멘로파크에는 메타(구 페이스북) 본사가 있습니다. 구글의 두 창업자 래리 페이지와 세르게이 브린이 다닌 스탠퍼드 대학교도 실리콘밸리 지역에 있는데, 이곳의 IT 기업 대부분은 스탠퍼드 대학교 출신이 창업했다고 합니다.

애플이 탄생한 스티브 잡스의 차고

　구글뿐만 아니라 미국의 많은 유명 기업들이 차고에서 창업한 것으로 유명합니다. 1998년 빌 게이츠에게 당신의 라이벌이 누구냐고 물었을 때 그는 이렇게 답했습니다. "나의 라이벌은 차고에서 작은 회사를 세우고 무언가를 만들어 내려고 하는 젊은이들이다." 구글이 차고에서 창업한 시기가 1998년이니 빌 게이츠가 정확하게 예언한 셈이죠.

　애플은 스티브 잡스와 스티브 워즈니악이 로스앨토스의 작은 차고에서 창업했고, 디즈니는 월트 디즈니의 형이 살던 집의 차고에서 시작됐습니다. 실리콘밸리의 시초 격이라 할 수 있는 HP 역시 팰로앨토의 차고에서 시작되었죠. 우리가 아는 최고의 기업과 혁신적인 회사들이 대부분

실리콘밸리의 차고에서 태어났다는 점이 놀랍습니다.

빛나는 아이디어, 들끓는 꿈과 열정, 뛰어난 능력을 지닌 젊은이들에게 꿈을 펼칠 공간의 크기는 차를 댈 정도의 면적이면 충분했나 봅니다. 무한한 온라인 세계로 확장하는 데 필요한 것은 많은 자본과 넓은 공간이 아니었던 거죠. 그들의 창조적인 혁신은 새로운 세상을 열었습니다.

차고에서 시작된 21세기의 전설과 새로운 아메리칸 드림. 그저 부러워만 하기에는 우리나라의 뛰어난 인재들이 아깝습니다. 용감하게 꿈을 향해 도전한 래리 페이지와 세르게이 브린, 스티브 잡스의 차고처럼 우리의 청년들에게도 도약할 수 있는 발판과 푹신한 안전 장치가 있다면 좋겠습니다.

향긋하고 맛 좋은 커피가
쇠락한 제조업 도시를 살려내다

- 국가(대륙)   미국(북아메리카)
- 면적   217Km^2
- 인구   약 73만 명
- 언어   영어
- 기후   온대 기후(서안 해양성 기후, 지중해성 기후)
- 키워드   항구 도시, 마이크로소프트, 스타벅스

오리지널 스타벅스로 알려진 파이크 플레이스 스타벅스 매장

제리 볼드윈과 고든 보커, 지브 시글은 같은 대학에 다닌 친구들이었습니다. 이들에게는 공통점이 하나 있었는데 바로 커피를 좋아한다는 것이었습니다. 세 사람은 미국인이 흔하게 마시는 강하고 쓴 커피가 맛이 없다고 생각했습니다. 질 좋고 향이 좋은 아라비카 원두로 커피를 만들어 먹고 싶었지만 그런 커피를 쉽게 구할 수가 없었죠.

세 사람은 의기투합해서 좋은 원두를 구입하고 판매하는 일을 함께하기로 합니다. 그리고 새로 열 커피 가게 이름을 뭐라고 지을지 고민했지요. 그들은 멋진 이름을 만들고 싶었습니다. 그러다 세 사람이 좋아하는 책이 떠올랐습니다. 바로 허먼 멜빌의 『모비 딕』이었습니다.

『모비 딕』은 '피쿼드'호라는 배에 탄 선원들이 흰색 향유고래 '모비 딕'을 쫓는 이야기입니다. 이 책에 등장하는 일등 항해사의 이름이 '스타벅 Starbuck'인데, 세 친구는 여기에서 아이디어를 얻습니다. 우리의 커피 가게 이름을 '스타벅스'라고 하자! 이들은 1971년 시애틀의 시장인 파이크 플레이스 마켓에 첫 번째 '스타벅스'를 엽니다.

스타벅스의 로고는 그리스 신화에 등장하는 사이렌입니다. 사이렌은 아름다운 인어의 모습을 하고 있지만 사실은 바다에서 항해하는 선원들을 아름다운 노래로 유혹해 배를 난파시키는 무서운 존재입니다. 그래서 일까요? 스타벅스의 유혹은 전 세계에서 통하는 듯합니다.

처음에 스타벅스는 원두를 파는 가게였습니다. 지금과 같은 스타벅스를 만든 사람은 하워드 슐츠입니다. 슐츠는 스타벅스 원두 맛에 반해 마케팅 담당이 되었습니다. 그는 원두만 판매할 것이 아니라 직접 커피를 만들어 팔자고 제안하죠. 세 창업자는 고민 끝에 커피 매장을 열기는 어렵겠다는 결론을 내립니다. 슐츠는 스타벅스를 나와 자신의 아이디어를 실현하여 크게 성공합니다. 3년 뒤 하워드 슐츠는 스타벅스를 인수해 창의적이고 공격적인 마케팅으로 지금의 스타벅스를 이루어 냅니다.

스타벅스 홈페이지에는 '인간의 정신에 영감을 불어넣고 더욱 풍요롭게 한다'는 문구가 쓰여 있습니다. 단지 커피를 파는 것이 아니라 '사람을 연결하는 공간'임을 강조하지요. 예술성, 매력, 풍요로운 일상, 특별한 경험, 인간애 등의 감성적이고 문화적인 용어가 커피와 연결됩니다. 이러한 전략은 성공적이었으며 스타벅스는 세계에서 가장 큰 다국적 커피 전문점이 되었습니다.

세계적인 커피 전문점이 탄생한 시애틀은 미국 서부 해안의 항구 도시로 북쪽 캐나다와 가깝습니다. 인구수가 약 73만 명으로 규모가 크지는 않지만 주변의 도시권을 보면 미국 서부에서 로스앤젤레스, 샌프란시스코에 이어 세 번째로 큰 도시권을 형성합니다.

미국에서도 짧은 역사를 지닌 시애틀은 보잉 항공사가 들어오면서 제

시애틀의 랜드마크 스페이스 니들과 레이니어산

조업 도시로 발전하는데 1970년대 경기 불황과 오일 쇼크(1970년대 이스라

엘과 아랍 국가들 사이에 일어난 중동전쟁으로 인해 아랍 산유국들이 석유를 무기화하면서 석

유 가격이 급등했다)로 인해 제조업이 흔들리면서 도시가 위기에 빠집니다.

위기의 시애틀을 극적으로 살린 건 마이크로소프트였습니다. 1970년

대 말 마이크로소프트가 이전해 오면서 시애틀은 정보통신의 중심 도시

로 탈바꿈했습니다. 이후 아마존이 들어오면서 시애틀은 실리콘밸리와

더불어 4차 산업혁명의 중심지라는 이미지를 갖게 되었지요. 현재 시애

틀은 미국에서 인구가 가장 빠르게 증가하는 도시라고 합니다.

우리나라는 정치, 경제, 산업이 모두 서울로 집중되고 있습니다. 수도

시애틀에 위치한 마이크로소프트 본사

권을 제외한 지역은 점차 인구가 줄어들고 있지요. 쇠락한 제조업 도시에서 커피 산업의 발상지, 제4차 산업혁명의 중심 도시로 탈바꿈한 시애틀에서 힌트를 얻어 보면 어떨까요? 우리나라에도 새로운 산업의 기회를 잡고 개성 있는 문화를 발전시켜 생동감 있는 삶의 터전으로 거듭나는 도시가 나타나기를 간절히 바랍니다.

시드니 ^{Sydney}

세계에서 가장 유명하고
예술적인 조가비

- 국가(대륙) 오스트레일리아(오세아니아)
- 면적   12,367Km²
- 인구   약 523만 명
- 언어   영어
- 기후   서안 해양성 기후
- 대표 관광지 오페라하우스, 하버 브리지, 달링 하버
- 키워드   세계 3대 미항, 오페라하우스

시드니의 랜드마크 오페라하우스와 하버 브리지

시드니는 이탈리아의 나폴리, 브라질의 리우데자네이루와 더불어 세계 3대 미항으로 손꼽히는 항구 도시입니다. 호주 최초의 도시이자 최대 도시여서 그런지 시드니를 호주의 수도라고 착각하는 사람이 많습니다. 처음에 호주 연방이 수도를 정할 때 시드니와 멜버른이 엄청나게 경쟁했다고 합니다. 무려 7년간 싸웠다고 하지요. 결국 이 싸움이 끝날 것 같지 않자 시드니와 멜버른의 중간쯤에 새로 수도를 건설하기로 합니다. 이렇게 해서 시드니도, 멜버른도 아닌 캔버라가 호주의 수도가 되었습니다. 하지만 여전히 시드니는 경제, 문화, 관광, 교육 등 많은 분야에서 호주의 중심입니다.

많은 사람에게 각인된 시드니의 모습은 누가 뭐래도 푸른 바다 위로 보이는 하얀 조가비 모양의 오페라하우스입니다. 이 놀라운 건축물은 또다른 방향에서는 바람을 머금고 푸른 바다 위를 달리는 늠름한 범선 함대처럼 보이기도 하죠. 어디에서도 볼 수 없는 독특하고도 아름다운 이 건물은 당연하게도 시드니의 랜드마크가 되었습니다. 시드니라고 하면 누구나 이 건물을 떠올리고, 이 도시에 방문하는 사람 중 오페라하우스를 보러 가지 않는 사람은 없을 겁니다.

공중에서 바라본 시드니 전경

1956년 호주 뉴사우스웨일스주 정부는 문화 시설을 짓기로 하고 국제 공모전을 엽니다. 이때 덴마크의 젊은 건축가 예른 웃손^{Jørn Oberg Utzon}의 설계안이 쟁쟁한 경쟁자를 물리치고 당선됩니다. 웃손은 오렌지 껍질을 벗기다가 영감이 떠올라 지붕 모양을 설계했다고 합니다.

1959년, 드디어 오페라하우스 착공에 들어갑니다. 그런데 문제는 당시의 기술로는 조개 껍질처럼 생긴 지붕을 시공하기가 너무나 어려웠다는 것입니다. 어디에서도 본 적이 없는 독특한 구조였기 때문이죠. 기둥도 없이 껍데기 모양의 지붕 무게를 어떻게 견딜 것인가라는 문제를 해결하기 위해 무수히 많은 시행착오를 겪어야 했습니다. 처음에는 완공하

시드니 오페라하우스 야경

기까지 4년이 걸릴 거라고 예상했으나 실제로는 지붕 구조 문제를 해결하는 데만 5년여가 걸렸습니다.

계획보다 시간과 비용이 너무 많이 늘어나자 정부와 의회에서 치열한 논쟁이 벌어집니다. 그런 가운데 정권이 바뀌자 결국 예른 웃손은 공사가 진행되는 도중에 손을 뗄 수밖에 없었고, 다른 건축가들이 그의 작업을 이어받아 마무리합니다. 1973년, 드디어 오페라하우스가 완성됩니다. 처음 계획한 공사비는 700만 호주달러였으나 실제로는 예산을 훨씬 뛰어넘는 약 1억 200만 달러가 들었으며, 계획한 4년보다 무려 10년이 더 걸린 14년 만에 공사가 마무리됐습니다.

이렇게 온갖 어려움을 겪으며 힘들게 완성한 시드니의 오페라하우스는 그야말로 뜨거운 반응을 얻으며 전 세계의 이목을 집중시켰습니다. 그리고 20세기 최고의 건축물로 꼽히며 2007년에는 유네스코 세계문화유산에 등재되었습니다. 건설하는 데 돈이 너무 많이 든다고 비판했던 정부와 언론은

건축 중인 오페라하우스 앞에 서 있는 예른 웃손

머쓱했겠지요. 오페라하우스가 직간접적으로 벌어들이는 수입은 계산할 수 없을 정도니까요. 오페라하우스는 시드니의 상징이 되어 전 세계인이 찾는 관광 명소가 되었습니다.

오페라하우스를 설계했으나 건설 도중에 물러나야 했던 예른 웃손은 평생 동안 다시는 시드니를 찾지 않았습니다. 세월이 흘러 시드니 정부는 예른 웃손에게 명예 박사 학위와 명예 작위 등을 수여하며 감사를 표했습니다. 2003년, 그는 건축계의 노벨상이라 불리는 프리츠커상을 수상하며 다시금 세계 최고의 건축가로 인정받았습니다. 그러나 80세를 훌쩍 넘긴 예른 웃손은 이제 먼 대륙까지 여행하기에는 나이가 너무 많았습니다. 결국 자신의 걸작이 완성된 모습을 끝내 직접 보지 못하고 세

상을 떠나고 말았죠.

놀랍도록 파격적이고 창의적이었던 한 예술가는 필생의 작품을 통해 깊은 상처를 받았을지도 모릅니다. 그러나 그 상처는 결국 치유되었으리라 믿고 싶습니다. 생전에 세계에서 가장 유명한 건물의 건축가로서 최고의 찬사와 명예를 누렸으니 조금은 위안이 되지 않았을까요. 지금도 오페라하우스는 푸른 바다 위에서 우아하고도 위풍당당한 모습으로 자신의 창조자를 빛내고 있으니까요.

4장

도시,
자연과 공존하다

울란바토르 Ulaanbaatar

지하자원 부국의 경제 성장이
쉽지 않은 이유는?

- 국가(대륙)　　　몽골(아시아)
- 면적　　　　　　4,704Km^2
- 인구　　　　　　약 160만 명
- 언어　　　　　　몽골어
- 기후　　　　　　대륙성 기후
- 대표 관광지　　　수흐바타르(칭기즈칸) 광장, 간단테그치늘렌 사원, 복드 칸 궁정 박물관
- 키워드　　　　　내륙 국가, 유목 문화

세계에서 가장 큰 기마상인 칭기즈칸 마상 동상(높이 40미터)

몽골 하면 무엇이 떠오르나요? 아마 대제국을 호령한 칭기즈칸이 생각나지 않을까 싶습니다. 한때 몽골은 유럽에서 아시아에 이르는 거대한 제국을 건설하며 전 세계를 공포에 떨게 했습니다. 그러나 지금은 중국과 러시아 사이에 위치한 내륙 국가가 되었지요.

몽골의 대표적인 이미지는 끝없이 펼쳐진 초원과 고비 사막입니다. 바다로부터 멀리 떨어져 있어 사막과 초원 등의 건조 기후가 나타나지요. 여름과 겨울의 기온 차가 매우 크며, 특히 겨울이 길고 혹독하게 추운 극단적인 대륙성 기후의 특징을 보입니다. 몽골의 울란바토르는 1월 평균 기온이 영하 20도 밑으로 떨어지는 세계에서 가장 추운 수도입니다.

몽골은 내륙에 위치해 있어서 다른 나라와 교류하거나 무역을 하는 데 어려움을 겪을 수밖에 없습니다. 수출을 하든 수입을 하든 배에 물건을 싣고 바다를 통해 나가야 하는데, 몽골에는 바다가 없으니 육로로 중국이나 러시아를 거쳐서 그 나라의 항구를 이용해야 합니다. 당연히 중국과 러시아의 눈치를 볼 수밖에 없습니다. 몽골이 자유롭게 경제 성장을 이루기 어려운 이유가 여기에 있습니다. 특히 몽골은 세계적인 자원 부국으로 지하자원 수출이 국가 경제에서 큰 비중을 차지하는데, 대부분의

울란바토르 도심의 경관

교역을 중국이나 러시아와 불리한 조건으로 하는 경우가 많습니다. 내륙 국가로서 중국과 러시아 사이에 끼어 있는 지정학적 위치는 몽골의 발전을 어렵게 만드는 원인입니다.

몽골의 영토는 남한 영토의 열다섯 배가 넘지만 인구는 약 340만 명에 불과합니다(우리나라 인구수는 2024년 현재 약 5,175만 명). 몽골인들이 여전히 푸른 초원에서 말을 타고 다니며 게르에서 산다고 생각하는 사람들이 있습니다. 하지만 이제 많은 몽골인이 우리와 마찬가지로 도시에 삽니다. 전체 인구의 절반이 수도인 울란바토르에 모여 살지요. 그런데 최근 울란바토르를 방문한 사람들이 공통으로 하는 이야기가 있습니다. 이곳이 과

연 몽골인지, 한국인지 헷갈린다는 것입니다. 한국의 대형 마트와 편의점이 도시 곳곳에 자리해 있고 한국 물건이 흔하게 진열되어 있다고 합니다. 다양한 프랜차이즈도 진출해서 한국 음식점, 베이커리 등도 어렵지 않게 찾을 수 있습니다.

몽골은 어떻게 이렇게 한국의 영향을 많이 받게 되었을까요? 몽골 전체 인구의 무려 10퍼센트에 해당하는 30만 명 정도가 한국에서 일한 적이 있다고 합니다. 이렇게 한국문화에 익숙해진 몽골인들을 통해 한국 기업이 어렵지 않게 진출하게 되었지요. 특히 케이팝, 드라마 등의 대중문화에 열광하는 몽골의 젊은 층이 한국 문화를 좋아하게 되면서 이러한 현상이 가속화된 것으로 보입니다. 울란바토르에는 계속해서 고층 건물, 아파트 등이 들어서고 있는데 이러한 경관도 한국의 모습과 닮아 있습니다.

울란바토르를 벗어난 지역에서는 여전히 많은 몽골인이 유목 생활을 하고 있습니다. 몽골 전체 인구가 340만 명인데 그들이 키우는 양, 염소, 말, 소 등의 가축은 약 7,000만 마리에 이르니 1인당 20마리의 가축을 기르는 셈입니다. 건조하고 척박한 환경이기에 농사가 잘 되지 않아 곡식이나 채소는 키우기가 어렵습니다. 그래서 채소, 곡식 등의 물가가 비싼 편이지만 대신 소고기, 말고기, 양고기 등의 육류는 저렴합니다. 드넓은 초원을 달리며 가축의 고기와 젖을 먹으며 세계를 정복하던 선조처럼 지금의 몽골인도 주로 고기를 먹습니다.

유목 생활을 하는 몽골인들은 대대로 게르에서 살았습니다. 게르는 유

고르히-테를지 국립 공원

목민의 이동식 가옥입니다. 나뭇살로 뼈대를 만들고 천을 두른 둥근 천장의 원형 집이지요. 게르를 짓는 데는 반나절이면 충분하다고 합니다. 몽골인들은 게르에 대한 자부심이 대단합니다. 칭기즈칸은 대제국을 건설하고도 여전히 게르에 살았다고 하지요. 몽골 여행에서는 울란바토르 관광 중 테를지 국립 공원의 게르에서 숙박하는 코스가 인기가 높습니다. 끝없이 펼쳐진 초원 한복판에 있는 유목민의 전통 가옥에서 보내는 하룻밤이라니 너무나 매력적이지요. 광활한 하늘에서 쏟아질 듯한 별을 바라본 후 게르에서 잠드는 경험은 상상하기만 해도 환상적입니다.

그러나 몽골의 현실에서 울란바토르 인근의 게르촌은 열악한 주거 환

은하수 아래 몽골 유목민의 이동식 가옥 게르

경의 대명사입니다. 수도와 전기가 들어오지 않는 게르촌의 주민들은 혹한을 견디기 위해 폐타이어 같은 유해 물질을 태웁니다. 푸른 초원의 깨끗한 이미지와는 다르게 몽골 겨울의 공기 질은 최악이지요.

  몽골인은 전 세계를 호령하던 칭기즈칸의 후예라는 자부심을 잊지 않고 있습니다. 풍부한 지하자원과 유목민 특유의 강건한 체력과 근면한 성격을 지닌 몽골인들은 다시 한번 기지개를 켤 수 있을까요? 내륙 국가의 불리함과 중국, 러시아에 의지할 수밖에 없는 지정학적 어려움을 극복할 수 있을까요? 단숨에 세계로 뻗어 나갔던 몽골인의 잠재력은 언제쯤 깨어날까요? 한때 거대한 제국이었던 몽골의 미래가 궁금해집니다.

로바니에미 Rovaniemi

산타클로스의 고향은
24시간 해가 지지 않는다

- 국가(대륙)   핀란드(유럽)
- 면적   7,581.86Km^2
- 인구   약 6만 명
- 언어   핀란드어
- 기후   냉대 기후
- 대표 관광지   산타클로스 마을
- 키워드   백야, 오로라

흰 눈으로 뒤덮인 로바니에미 산타클로스 마을

어린 시절 신나게 놀고 있을 때면 저 멀리 서쪽 하늘에 해가 지는 것이 아쉬웠습니다. 어둑어둑해지면 엄마가 집에 들어오라고 큰 소리로 부르셨거든요. 친구들과 좀더 놀고 싶을 때는 해가 지지 않기를 바랐습니다.

그 꿈이 실현되는 곳이 있습니다. 밤에도 해가 지지 않는 곳이요. 하지만 잠이 많은 사람이라면 좋아하지 않을 거예요. 24시간 내내 환하면 잠들기 쉽지 않을 테니까요.

북극에 가까운 고위도 지역에서 여름에 해가 지지 않는 현상을 백야라고 합니다. 지구의 자전축이 23.5도 기울어 있으므로 하지에 가까운 여름에 북반구의 고위도 지역에서는 지구가 한 바퀴 자전하는 내내 태양을 볼 수 있습니다. 백야는 위도가 높은 노르웨이, 핀란드, 스웨덴, 아이슬란드, 러시아, 캐나다 등에서 나타납니다. 러시아에서는 백야를 'white night'(하얀 밤), 유럽권에서는 'midnight sun'(한밤의 태양)이라고 부릅니다. 반대로 동지에 가까운 겨울이 되면 한낮에도 태양이 떠오르지 않는데 이를 극야 현상이라고 부릅니다.

핀란드의 로바니에미는 북위 66도 부근에 위치합니다. 로바니에미에서는 6월 초에서 7월 초 사이에 백야가 나타납니다. 5월 말부터 8월 초까

백야 시기 자정 무렵의 로바니에미

지는 밤에도 환하기 때문에 24시간 활동할 수 있지요.

백야 현상이 나타나면 사람들은 여름 내내 다양한 스포츠를 즐긴다고 합니다. 밤새워 놀고 싶었던 어린 시절의 꿈이 이루어지는 듯하네요. 제 트스키 같은 수상 스포츠를 즐기거나 승마, 수영, 하이킹을 하기도 하고 유람선을 타고 아름다운 자연을 만끽할 수도 있습니다. 고위도 지역은 저위도 지역에 비해 상대적으로 태양 빛을 실컷 받을 수 있는 지역이 아 닙니다. 그래서 이 지역 사람들은 백야 시기에 억지로 잠을 청하지 않는 모양입니다. 잠이 오지 않는다면 환한 밖으로 나가 태양을 좀더 오래 즐 기면 될 테니까요.

로바니에미의 오로라 보레알리스

    그렇지만 겨울이 된다고 아쉬워할 필요는 없습니다. 낮이 많이 짧아지긴 하지만 밤에도 놀라운 경관을 볼 수 있으니까요. 8월 중순부터 4월 초까지 로바니에미에서는 오로라를 관측할 수 있습니다.

    오로라는 보통 극지방과 가까운 곳에서 관측됩니다. 태양의 핵폭발 등으로 전자와 양성자 등이 뿜어져 나오는 것을 태양풍이라고 합니다. 지구의 자기장은 이러한 태양풍을 막아 주는 보호막이 되지요. 그런데 태양풍에서 분리되어 나온 일부 입자가 지구 자기장에 빨려 들어오면 지구 대기권에서 마찰이 일어나 아름다운 빛을 뿜게 됩니다. 이것이 바로 오로라입니다. 북극과 남극의 자극磁極이 가장 세기 때문에 오로라는 주로 극지방에 가까운 곳에서 관찰됩니다. 아름답고 신비로운 오로라는 지구 자기장이 무서운 태양풍을 막아 주고 있다는 강력한 증거인 셈입니다.

로바니에미는 동심을 사로잡는 매력을 하나 더 갖고 있습니다. 저처럼 겨울을 좋아하는 이유 중 하나로 크리스마스를 꼽는 사람이 많을 텐데요. 눈 덮인 마을과 크리스마스 트리, 그리고 선물을 가져다주는 산타클로스는 추운 겨울을 따뜻한 이미지로 바꾸어 주죠. 그런데 산타클로스가 사는 곳이 바로 이곳 로바니에미입니다.

사실 로바니에미가 산타 마을이 된 계기는 1920년 한 라디오 방송 진행자가 '산타가 로바니에미에 살고 있다'고 말한 것이라고 합니다. 그 후 로바니에미는 산타클로스의 마을로 알려져 유명한 관광지가 되었습니다. 이곳의 중앙 우체국에는 산타에게 보낸 수많은 편지가 도착하고, 자원봉사자 엘프들이 어린이들의 편지에 답장을 써 준다고 합니다.

해가 지지 않는 여름에는 밤새 실컷 뛰놀고, 겨울밤이 오면 아름다운 꿈을 꾸다 산타의 선물을 받을 수 있을 것만 같은 북구의 아름다운 땅. 로바니에미에 가면 누구라도 간절한 소원을 빌고, 이뤄지기를 꿈꾸는 천진하고 행복한 어린이가 될 것만 같습니다.

제네바 Geneva

스위스는 어떻게 누구 편도 아닌
중립국이 되었을까?

- 국가(대륙)   스위스(유럽)
- 면적   15.92Km^2
- 인구   약 20만 명
- 언어   프랑스어
- 기후   온대 해양성 기후
- 대표 관광지   레만 호수, 생피에르 대성당
- 키워드   중립국, 스위스 용병, 유엔본부

해 질 녘 제네바 호수 전경

스위스 하면 아름답고 목가적인 풍경이 떠오릅니다. 어린 시절에는 『알프스 소녀 하이디』를 읽으며 푸른 초원에서 흰 양과 염소가 풀을 뜯는 이상향을 상상했지요. 실제로 스위스는 세계에서 가장 살기 좋은 아름다운 나라로 알려져 있고, 취리히나 제네바는 세계에서 가장 살기 좋은 도시로 꼽히곤 합니다.

곰곰이 생각해 보면 신기합니다. 스위스는 바다로 나아갈 항구 하나 없는 내륙 국가이고 영토도 매우 작습니다. 알프스 산맥에 자리 잡고 있으니 드넓은 평야도 없고, 석유 같은 자원이 있는 것도 아닙니다. 그런데도 세계적으로 부유한 나라로 손꼽히죠. 또한 스위스는 영세 중립국입니다. 어느 쪽 편도 들지 않으며 전쟁에도 참여하지 않겠다고 선언한 나라죠. 끊임없이 무수한 전쟁이 반복되어 온 유럽의 역사에서, 호시탐탐 자국의 영토를 넓히려고 기회를 엿보는 강대국들 사이에서 스위스는 어떻게 이런 지위를 지킬 수 있었을까요?

중세 시대에 스위스는 가진 게 없는 나라였습니다. 험준한 산악 지대에 적응하며 살아온 강인한 사람들은 용병이 되어 다른 나라에서 돈을 벌어 왔지요. 스위스 용병은 용맹하고 충성스럽기로 유명했습니다. 1527년

바티칸시티를 수호하는 스위스 근위대

로마가 약탈당한 '사코 디 로마^{Sacco di Roma}(로마 약탈이란 뜻으로 카를 5세 때 신성
로마제국에 의해 벌어진 참혹한 침탈을 가리킨다)' 때도 스위스 용병은 목숨을 걸고
끝까지 교황을 지키다 전멸했습니다. 이에 감동한 교황청은 이후로 스
위스 용병만 고용했고, 스위스 근위대는 지금도 바티칸 교황청을 지키
고 있습니다. 1792년 프랑스 혁명 때에도 스위스 용병은 프랑스 왕 루이
16세를 지켰습니다. 다른 군인들이 모두 도망간 상황에서도 스위스 용
병만은 끝까지 국왕을 지키다 786명 전원이 전사했습니다.

이렇게 스위스 용병이 목숨을 걸고 신의를 지킨 이유는 단 하나였습니
다. '우리를 고용한 사람이나 국가에 신의를 지키지 않는다면 우리의 자

손은 다시 용병이 될 수 없을 것이다.' 먹고살 만한 수단이 여의치 않았던 척박한 환경에서 스위스는 이렇게 '세계에서 가장 믿을 만한 나라'라는 이미지를 갖게 된 것입니다.

자본주의 경제가 발달하기 시작하면서 스위스 용병의 신의는 금융의 신용으로 변모합니다. 스위스 은행이 고객의 비밀과 재산을 철저하게 지켜 줄 것이라는 믿음은 스위스를 금융 강국으로 만들었죠. 부자들은 전쟁으로 인해 재산을 지켜야 할 때면 스위스에 돈을 맡겼습니다. 온 유럽이 전쟁의 포화에 휩싸인 세계 대전 시기에도 사람들은 스위스 화폐인 프랑만큼은 신뢰했습니다. 당시 스위스의 프랑은 기축 통화(국제 시장에서 금융 거래나 결제의 수단이 되는 화폐. 대표적인 기축통화는 미국의 달러) 역할을 하게 되었지요.

프랑스, 독일, 오스트리아, 이탈리아 등 강대국에 둘러싸인 스위스는 오랜 역사를 거쳐 중립국으로서 국가 정체성을 확립합니다. 하지만 홀로 '나는 누구 편도 들지 않을 거야!'라고 외친다고 해서 평화를 얻을 수는 없습니다. 1815년 빈 회의에서 나폴레옹 몰락 이후 유럽 재편을 위해 모인 승전국 영국, 프랑스, 오스트리아, 프로이센 등이 스위스의 중립을 승인하는 조약을 맺습니다. 이때 스위스는 강대국 간의 완충 지대로서의 의미를 지니게 되지요. 하지만 이러한 국제 관계는 상호 간의 이익에 따라 언제든 변할 수 있습니다. 실제로 2차 세계 대전 때 히틀러는 스위스를 침공하려고 했습니다. 그러나 중립국인 스위스의 국방력이 만만치 않

1815년 빈 회의에서 스위스는 중립국 지위를 승인받았다.

았죠. 스위스가 도로, 교각 등을 모두 파괴한 후 알프스 산악 지대에서 게릴라전으로 결사 항전하겠다는 무서운 의지를 드러내자 큰 피해를 예상한 독일이 스위스 침공을 포기했다는 이야기가 전해집니다.

한 가지 중요한 이유가 더 있었습니다. 독일이 전쟁에 필요한 자원과 무기를 사들일 때 지불 수단이 바로 스위스의 프랑이었던 겁니다. 경제적 이유로도 스위스를 건드릴 수가 없었던 것이죠.

결국 중립국 스위스의 힘은 신뢰성과 군사력, 그리고 경제력에서 비롯되었음을 알 수 있습니다. 중립국의 지위는 자신의 힘과 국제 관계 모두를 통해 오랜 역사를 거쳐 어렵게 얻어낸 것입니다.

제네바의 유엔 유럽 본부

　스위스 제네바에는 유엔 유럽 본부, 국제 적십자사 본부, 세계무역기구(WTO), 세계보건기구(WHO), 국제노동기구(ILO) 등 수많은 국제기구가 있습니다. 세계 평화를 목적으로 하는 세계 기구가 위치하기에 중립국인 스위스만큼 적합한 곳이 없겠지요. 중립국이 되기 위해 국가의 모든 역량을 모은 작은 나라 스위스의 이야기는 강대국의 틈바구니에서 분투해 온 우리나라에 큰 울림과 교훈을 줍니다.

케이프타운 ^{Cape Town}

유럽의 희망은
아프리카의 희망이 될 수 있을까?

- **국가(대륙)** 남아프리카공화국(아프리카)
- **면적** 2,445Km²
- **인구** 약 400만 명
- **언어** 아프리칸스어, 영어
- **기후** 지중해성 기후
- **대표 관광지** 테이블 마운틴, 희망봉, 볼더스 비치
- **키워드** 신항로, 희망봉, 펭귄

케이프타운 전경과 그 뒤로 보이는 테이블 마운틴

케이프타운은 아프리카 최남단에 위치한 남아프리카공화국의 도시입니다. 뒤로는 테이블 마운틴이 감싸고 앞으로는 푸른 대서양이 펼쳐진 천혜의 자연을 자랑합니다. 테이블 마운틴은 이름 그대로 평평한 탁자를 펼쳐 놓은 듯한 독특한 경관의 산입니다. 평범한 산에서 솟아오른 봉우리를 칼로 댕강 자른 듯한 생김새지요. 흰 구름이 평평한 산 위로 식탁보를 깔듯이 내려앉으며 움직이는 모습이 장관입니다.

케이프타운의 역사는 포르투갈의 희망봉 발견을 계기로 전환점을 맞습니다. 15세기에 포르투갈은 인도로 가는 항로를 찾기 위해 고군분투하고 있었습니다. 인도로 직접 가서 향신료를 가져올 수만 있다면 동방 무역으로 막대한 이익을 차지하던 지중해 연안의 국가들을 단숨에 뛰어넘을 수 있을 테니까요. 포르투갈은 유럽의 가장 서쪽 변두리에 있지만 동시에 대서양의 관문과도 같은 위치에 있습니다. 그런데 대서양으로 출발해 인도로 가려면 미지의 대륙 아프리카를 돌아가는 방법밖에 없었습니다. 아프리카의 크기가 어느 정도인지도 알지 못한 채로요. 1488년 마침내 포르투갈의 항해사 바르톨로메우 디아스가 아프리카 끝에 있는 희망봉을 발견합니다. 끝도 없는 아프리카 해안을 항해한 끝에 드디어 동

아프리카 끝에서 동쪽으로 향하는 관문이 된 희망봉

쪽으로 향하는 관문을 찾은 것이지요. 희망봉은 인도로 갈 수 있다는 희망을 반영한 이름입니다. 이후 바스쿠 다 가마가 희망봉을 거쳐 인도로 가는 항로를 찾으며 포르투갈은 한동안 최고의 경제적 번영을 누리게 됩니다.

희망봉은 이렇게 해서 아프리카의 최남단으로 알려졌습니다만, 사실 아프리카 최남단은 좀더 남동쪽에 위치한 아굴라스^Agulhas 곶이라고 합니다. 어쨌든 희망봉은 포르투갈에 의해 아프리카의 가장 끝에서 인도로 나가는 중간 기착지가 됩니다. 이후 유럽에서 동방으로 가는 모든 배는 희망봉을 지나가게 되었습니다. 희망봉을 지나는 항로는 1869년 이집트의 수에즈 운하가 개통될 때까지 유럽과 아시아를 잇는 가장 중요한 바 닷길이 되었습니다. 지금도 수에즈 운하를 지나가기 어려울 때는 이 항 로를 이용하지요.

유럽인에게는 희망봉 발견이 막대한 부를 향한 새로운 기회가 되었지 만, 아프리카의 원주민에게는 식민지 역사의 시작이 되었습니다. 희망봉 을 발견한 포르투갈은 이곳에 식민지를 세울 생각을 하지는 않았습니다. 케이프타운에 식민지를 처음으로 건설한 것은 네덜란드의 동인도 회사 였습니다. 네덜란드인들은 이곳에 정착촌을 만들고 거주하기 시작했지 요. 이후 식민지의 주인이 영국으로 바뀝니다. 이러한 과정을 겪으며 남 아프리카공화국에는 다른 아프리카 지역과는 달리 유럽인이 많이 정착 하게 되었습니다. 금과 다이아몬드 광산이 발견되어 많은 사람이 이주하 기도 했고, 유럽인들에게 익숙하면서도 살기 좋은 온대 기후인 환경도 중요한 이유였을 것입니다.

1931년 남아프리카 연방은 영국으로부터 자치권을 획득합니다. 그 후 권력을 장악한 국민당은 1948년 악명 높은 인종 차별 정책인 '아파르트 헤이트 Apartheid'를 통해 백인과 흑인을 분리하고 흑인의 권리를 억압하지 요. 20퍼센트에 해당하는 백인이 80퍼센트의 흑인을 지배했으며 백인과 흑인 사이의 빈부 격차는 이루 말할 수가 없었습니다. 이때의 상처는 지 금도 남아 여전히 길 하나를 두고 깨끗하고 풍요로운 백인 거주지와 좁 고 열악한 흑인 거주지가 나뉘어 있습니다. 이토록 가혹한 인종 차별 정

남극에서 가장 가까운 케이프타운의 해변에서는 수많은 펭귄을 볼 수 있습니다.

책은 국제 사회에서도 크게 비난받았습니다.

뿌리 깊은 인종 차별 정책을 철폐하기 위해 모든 것을 바친 사람이 넬슨 만델라입니다. 만델라는 케이프타운 앞바다의 로벤섬에 있는 교도소에 27년간이나 갇혀 있다가 1990년 석방되어 마침내 남아프리카공화국의 대통령이 되었고 아파르트헤이트를 철폐했습니다. 만델라와 흑인들로서는 정말 감개무량했을 것입니다.

그러나 너무도 오랜 세월 제대로 된 교육을 받지 못했고, 경제 성장의 기반도 모두 빼앗긴 이곳 흑인들의 삶은 여전히 열악합니다. 인종 차별 철폐 후에도 백인과 흑인의 빈부 격차는 여전합니다. 또 그동안의 설움을 폭력으로 풀고자 하는 세력도 있어 사회가 안정되기 쉽지 않습니다.

피부색이 다르다는 이유만으로 선을 긋고 차별하던 이들, 서로를 증오하고 폭력을 폭력으로 갚으려는 이들. 신의 선물과도 같은 아름다운 땅은 단절과 아픔의 역사로 가득하고 이 땅이 풀어야 할 숙제는 여전히 남아 있습니다.

희망봉으로 가는 길에 있는 볼더스 비치Boulders Beach는 남극에서 가장 가까운 케이프타운의 해변으로, 펭귄들이 사는 것으로 유명합니다. 남극이 아닌 온화한 기후의 이곳에 옹기종기 모여 사는 아프리카 펭귄들이 유유히 바닷바람을 즐기는 곳이지요. 펭귄을 직접 보기 위해 수많은 관광객이 볼더스 비치로 모여듭니다. 이 풍요의 땅을 진정으로 즐기는 것은 펭귄들이 아닌가 싶습니다.

바다와 햇살을 함께 평화롭게 즐기는 수많은 펭귄의 사랑스러운 모습을 우리 인간이 배울 수는 없을까요? 그 옛날 목숨을 건 길고 위험한 항해에서 선원들의 희망이 되었던 희망봉. 유럽인의 희망이었던 희망봉은 이제 아프리카인의 희망이 되어야 하지 않을까요? 역사의 짙은 폭풍우를 걷어내고 한배를 탄 피부색이 다른 모든 이가 화해와 평화의 길을 함께 가는 희망의 항해에 나서기를 바라는 마음입니다.

베네치아 Venezia

세상에서 가장 아름다운
'물의 도시'의 영광과 쇠락

- **(영어 이름)**　　베니스 Venice
- **국가(대륙)**　　이탈리아(유럽)
- **면적**　　　　414.61Km²
- **인구**　　　　약 26만 명
- **언어**　　　　이탈리아어
- **기후**　　　　온대 기후(지중해성 기후)
- **대표 관광지**　산 마르코 대성당, 두칼레 궁전, 리알토 다리
- **키워드**　　　베니스의 상인, 물의 도시, 운하, 베네치아 공화국

베네치아의 운하와 곤돌라

베네치아는 세상에서 가장 아름다운 '물의 도시'라 불립니다. 이 도시는 습지를 간척해서 만들어졌습니다. 파도를 막을 벽을 세우고 말뚝을 촘촘히 박은 후 그 위에 기단을 세우고 도시를 건설했지요. 유유히 흐르는 운하의 물길이 도로를 대신하는 장관은 전 세계의 관광객을 이곳 베네치아로 향하게 합니다. 이곳에서는 시끄러운 경적 소리, 자동차 매연을 찾아볼 수 없습니다. 대신 뱃사공이 노를 젓는 곤돌라를 타고 리알토 다리를 바라보는 호사를 누릴 수 있죠. 산 마르코 대성당과 산 마르코 광장, 두칼레 궁전 등 아름다운 건축과 관광 명소는 끊임없이 사람들의 눈길을 사로잡습니다.

베네치아의 영어 이름은 '베니스Venice'입니다. 셰익스피어의 희극『베니스의 상인』은 물의 도시 베네치아가 배경입니다. 주인공 안토니오는 친구 바사니오의 결혼 자금을 빌리기 위해 유대인 고리대금업자 샤일록을 찾아갑니다. 안토니오는 상선을 소유한 상인인데 아직 배가 돌아오지 않아 돈이 부족했지요. 샤일록은 안토니오에게 이자를 받지 않고 돈을 빌려주는 대신, 돈을 갚지 못하면 심장에서 가까운 살 1파운드를 달라고 요구합니다. 터무니없는 요구라며 바사니오는 만류했지만, 안토니오는 자

공중에서 내려다본 베네치아 풍경과 석호

신의 상선이 돌아오면 금방 돈을 갚을 수 있다고 생각해서 이를 승낙합니다.

그런데 안토니오의 배가 모두 침몰했다는 소식이 들려오고, 기한 내에 약속한 돈을 갚을 수 없게 됩니다. 안토니오에게 원한을 품은 샤일록이 약속을 지키라고 요구하자 안토니오는 생명을 잃을 위기에 처하지요. 결국 이 사건은 재판정으로 가게 됩니다.

판사는 양측의 의견을 들은 후 샤일록의 권한을 인정합니다. 샤일록이 드디어 안토니오에게 복수하려는 순간 판사는 이렇게 말합니다.

"잠깐! 계약서에는 살 1파운드라고만 적혀 있습니다. 따라서 단 한 방울의 피도 흘려서는 안 됩니다."

피를 흘리지 않고 살을 벨 수 있는 사람이 어디 있을까요? 결국 샤일록은 재판에서 졌을 뿐 아니라 모든 것을 잃고 맙니다. 재판이 끝난 후 지혜로운 판사가 친구 바사니오와 결혼한 신부 포셔였음이 밝혀지고, 안토니오의 배도 무사히 돌아오면서 이야기는 해피엔딩으로 끝납니다.

셰익스피어가 베네치아를 배경으로 한 작품에서 상선을 소유한 상인을 주인공으로 내세운 것은 우연이 아닙니다. 베네치아는 지중해의 해상권을 장악하고 유럽과 동방의 무역을 독점하다시피 하면서 엄청난 부를 누렸습니다. 유럽인들은 후추를 비롯한 동방의 향신료에 열광했는데, 인도에서 가져온 향신료가 모이는 곳이 바로 베네치아였습니다. 향신료 무역은 황금알을 낳는 거위와 같았지요. 베네치아는 명실상부한 지중해 세계 무역의 거점이었습니다. 베네치아 범선이라 불리는 선박을 건조하는 기술도 최고였으며, 강력한 해군력을 바탕으로 엄청난 부를 유지하고자 했습니다.

하지만 이러한 번영이 영원할 수는 없었습니다. 동로마 제국(비잔티움 제국)을 멸망시킨 오스만 제국이 향신료 무역로를 끊어버리고 만 것이죠. 이후 포르투갈과 에스파냐가 대서양을 통한 새로운 무역 길을 찾으면서 무역의 중심지는 지중해에서 대서양으로 옮겨 가게 됩니다. 동시에 화려한 베네치아의 영광도 점차 쇠락하게 되지요.

베네치아는 과거의 영광을 간직한 채 이탈리아의 유명 관광도시가 되

홍수로 물에 잠긴 산 마르코 광장을 걷고 있는 관광객들

었습니다. 해마다 수많은 관광객으로 인해 몸살을 앓고 있고, 최근에는 기후 변화로 인해 잦은 홍수와 가뭄 등 또 다른 위기를 맞고 있습니다. 가뭄으로 운하가 바닥을 드러내 곤돌라 운영이 중단되었다거나 홍수로 도시가 침수되었다는 뉴스도 자주 들립니다. 특히 지구 온난화로 인해 해수면이 올라가 도시가 바닷물에 잠기고 있다는 보도가 전해져 많은 사람들이 걱정하고 있습니다. 어떤 식으로든 환경 문제가 베네치아를 직접적으로 위협하고 있다는 점은 확실해 보입니다. 이 아름다운 도시를 지키기 위해 인류는 어떤 선택을 해야 할까요? 우리의 노력이 제발 늦지 않기를 바랄 뿐입니다.

암스테르담 Amsterdam

바이러스에 걸린 튤립을
집 한 채 가격에 팔았다고?

- 국가(대륙)   네덜란드(유럽)
- 면적   219Km^2
- 인구   약 92만 명
- 언어   네덜란드어
- 기후   서안 해양성 기후
- 대표 관광지   암스테르담 국립 미술관, 안네 프랑크의 집, 암스테르담 중앙역
- 키워드   동인도 회사, 튤립 파동

암스테르담의 전통적 건물들과 운하

네덜란드 ^{Nederland}는 네덜란드어로 '낮은 땅'이라는 뜻입니다. 국토의 약 25퍼센트가 해수면보다 낮고, 지대가 가장 높은 곳이 321미터에 불과하죠. 국토의 많은 부분이 갯벌과 습지를 간척한 땅입니다. 네덜란드인들은 인공 제방을 쌓고 1년 내내 바다에서 불어오는 편서풍을 활용해 풍차를 돌려 물을 퍼내면서 영토를 넓혔습니다. 네덜란드 하면 떠오르는 풍차의 낭만적 이미지 이면에는 그들이 자연과 맞서서 만들어 온 피와 땀의 역사가 있습니다.

네덜란드의 수도 암스테르담의 '담^{dam}'은 제방을 뜻하는 영어 '댐^{dam}'을 의미합니다. 이름에서부터 제방을 쌓아 만들어진 도시라는 것을 알 수 있죠. 또한 암스테르담은 운하의 도시로도 유명합니다. 운하 역시 낮은 땅에 넘치는 물을 북해로 보내기 위해 오랜 세월 동안 인공적으로 만든 것입니다. 암스테르담 도심의 아름다운 운하 지역은 유네스코 세계 문화유산으로 지정되었습니다.

중세 시대 스페인 합스부르크의 지배를 받던 네덜란드는 치열한 투쟁 끝에 독립을 이루었습니다. 네덜란드는 17세기에 황금기를 맞았는데, 세계 최초의 주식회사 '네덜란드 동인도 회사'를 설립하고 대양으로 진출하여 전 세계에 위세를 떨쳤습니다. 다른 대륙에 진출하기 위해서는 엄청난 자본이 필요했습니다. 이전까지 대부분의 나라는 왕실이나 귀족들이 자본금을 지원했고 그 이익도 가져갔습니다. 하지만 네덜란드 동인도회사는 무역에 필요한 자본을 시민들로부터 투자받고 그 이익을 나누어 가졌습니다. 이렇게 발행한 문서가 최초의 주식입니다.

1609년 암스테르담에 세계 최초의 증권거래소가 설립되었습니다. 영국과 국채 거래를 해 큰 이익을 얻고 대규모 자본이 돌면서 여기저기에 은행이 설립되었죠. 자유로운 분위기 속에서 금융업이 발달하고 세계 무역의 패권을 쥐면서 네덜란드는 커다란 부를 일구었습니다. 다양한 사업과 투자를 통해 엄청난 부를 손에 쥔 사람들은 돈을 벌 수 있는 다른 방법을 찾았습니다. 이때 그들의 눈에 아름다운 꽃이 눈에 띄었습니다. 바로 튤립입니다.

튤립은 원래 네덜란드에서 자라는 꽃이 아니었습니다. 당시 오스만 제국이던 튀르키예에서 전해졌다고 하지요. 튤립은 이국적인 아름다움으로 네덜란드에서 선풍적인 인기를 끌었습니다. 특히 독특한 무늬를 지닌 희귀한 튤립의 가치는 하늘 높은 줄 모르고 올라갔습니다.

튤립의 가치가 커지자 사람들은 튤립에 투자하기 시작했습니다. 특히 튤립의 구근(알뿌리)을 구입해 키워 희귀한 튤립을 피우면 엄청난 이윤을 얻었기에 일확천금의 꿈을 가진 사람들이 너나 할 것 없이 튤립 구근을 사들였습니다. 튤립 거래 열풍이 불자 암스테르담의 거래소에서 튤립을 증권으로 거래하기도 했습니다. 술집에서도 종이 한 장으로 튤립을 거래했지요. 많은 사람들이 튤립 시장에 뛰어들면서 튤립 가격이 하루에 두세 배가 오르기도 했습니다. 가장 비쌌던 황제 튤립Semper Augustus은 집 한 채 값이었다고 합니다.

17세기에 가장 비싸게 팔린 황제 튤립

튤립 구근의 공급은 한정적인데 수요가 몰리니 튤립 가격이 치솟을 수밖에 없었습니다. 나날이 치솟는 튤립 가격을 보며 맹목적으로 투자에 나선 사람들의 심리가 이토록 비이성적인 광풍을 만들어 낸 것이죠. 튤립 시장에 참여한 사람들은 막대한 돈을 벌었고, 어떤 사람들은 집과 땅까지 팔아 튤립 투자에 뛰어들었습니다.

1637년 2월 3일. 거짓말처럼 튤립 가격이 떨어지기 시작했습니다. 튤립 공급이 수요를 크게 넘어서자 더 이상 튤립을 살 사람이 없어졌습니다. 가격이 떨어지자 눈이 멀어 있던 사람들이 정신을 차리기 시작했지요. '이렇게 비싼 돈을 주고 꽃을 사는 게 말이 되는가.'

믿을 수 없는 폭락이 일어났습니다. 4개월 만에 튤립 가격은 95~99퍼센트까지 떨어졌습니다. 튤립 값을 지불하기로 한 어음은 휴지 조각이 되었고 네덜란드 경제에 빨간 불이 들어왔습니다. 정부는 모든 선물 거래액의 3.5퍼센트만 지급하도록 결정했습니다. 1,000만 원을 받기로 한 사람이 35만 원을 받게 된 것입니다.

네덜란드의 튤립 파동 같은 현상을 경제에서는 거품(버블)이라고 부릅니다. 거품 경제는 부동산, 주식 같은 자산의 가격이 자산 가치에 비해 지나치게 높아진 상태를 말합니다. 거품이 생기는 원인 중 하나가 투기인데, 17세기 네덜란드인들이 일확천금을 노리고 광적으로 튤립 구근을 구입한 것이 대표적인 투기 사례입니다. 부풀어 있던 거품이 꺼지면 사회가 혼란에 빠지고 경제가 붕괴될 수 있습니다.

17세기 네덜란드의 튤립 파동은 현대 자본주의에도 큰 교훈을 줍니다. 부동산, 주식, 비트코인의 열풍은 언제나 거품 경제의 우려를 낳지요. 가장 비싼 가격에 거래되던 희귀한 튤립의 무늬는 사실은 바이러스에 의한 것이었다고 합니다. 자본주의가 낳은 지나친 욕심이 이성을 마비시키는 바이러스가 될 수 있다는 것, 아름다운 튤립이 남겨준 가르침이 아닐까요.

멕시코시티 Mexico City

산 자와 죽은 자가 만나
한바탕 흥겨운 축제를 벌이다

- 국가(대륙)   멕시코(북아메리카)
- 면적   1,485Km^2
- 인구   약 920만 명
- 언어   에스파냐어
- 기후   고산기후
- 대표 관광지   소칼로 광장, 국립 궁전, 국립 인류학 박물관
- 키워드   아즈텍 문명, 테노치티틀란, 죽은 자의 날

테노티우아칸의 '태양의 피라미드'

멕시코 국기의 한가운데에는 멕시코의 국장이 그려져 있는데, 이 그림과 관련된 전설이 전해집니다. 어느 날 아즈텍 왕이 꿈을 꾸었는데 신이 이렇게 말했습니다. "선인장 위에 독수리가 뱀을 물고 있는 곳에 도시를 세워라." 왕은 호수로 둘러싸인 섬을 발견하게 되었는데 그곳에 정말로 선인장이 있었고 그 위에 독수리가 뱀을 물고 있었습니다. 신의 계시에 따라 이곳에 도시를 만들었으니, 바로 아즈텍의 수도 테노치티틀란^{Tenochtitlan}입니다. 테노치티틀란의 인구를 20~30만 명으로 추정하는데, 당시 런던이나 파리 등의 대도시 인구가 10만 명이었다는 점을 감안하면 아즈텍 도시가 얼마나 큰 규모였는지를 짐작할 수 있습니다.

아즈텍 제국은 모든 자유민에게 남녀 상관없이 의무교육을 받게 했고, 천문학, 건축학 분야에서 뛰어난 문명을 일구었습니다. 에스파냐 정복자들이 맨 처음 이 도시를 발견했을 때 그 규모와 화려함을 믿을 수 없을 정도였다고 하지요. 아즈텍은 사람을 신에게 제물로 바치는 인신 공양이 행해진 것으로도 유명합니다. 아즈텍의 거대한 피라미드에서는 끊임없이 사람들의 피가 흘러내렸다고 합니다.

아즈텍의 영광은 황금을 찾으러 온 에스파냐의 에르난 코르테스에 의

멕시코 국장이 그려진 멕시코 국기

해 무너집니다. 코르테스의 군대는 고작 900명에 불과했는데 인구 수백만 명의 아즈텍을 정복한 겁니다. 아즈텍은 주변 국가들에서 인신 공양에 필요한 사람들을 끌어왔는데, 이렇게 착취당하던 수많은 나라들이 코르테스 편에 섰습니다. 아즈텍을 손에 넣은 에스파냐는 테노치티틀란과 주변의 텍스코코 호수를 매립한 후 그 위에 식민지의 수도를 만들었는데 이 도시가 현재의 멕시코시티입니다.

이후로 멕시코는 무려 300년 동안 에스파냐의 식민지가 됩니다. 원주민들은 유럽에서 들어온 전염병으로 인해 무수히 희생되었고, 살아남은 이들은 가혹한 착취에 시달려야 했습니다. 에스파냐인과 원주민 사이에

멕시코시티의 소칼로 광장과 메트로폴리타나 대성당

태어난 혼혈인 메스티소가 탄생했으며 에스파냐는 자신들의 종교인 가톨릭을 강요했지요.

1821년 10년이 넘는 전쟁 끝에 멕시코는 에스파냐에 승리하며 스스로 독립을 쟁취해 냅니다. 워낙 오랜 기간 에스파냐의 지배를 받았기 때문에 지금도 멕시코 국민의 대다수가 가톨릭을 믿으며 에스파냐어를 사용합니다. 또 메스티소가 전체 인구의 약 60퍼센트를 차지하지요. 이렇게 멕시코는 에스파냐의 문화와 원주민의 문화가 혼합된 독특한 개성을 지니게 되었습니다.

'죽은 자의 날'은 개성이 넘치는 멕시코의 문화 중에서도 단연 눈에 띕

죽은 자의 날 축제

니다. 10월 31일부터 11월 2일까지 3일간 이어지는 이 기간에는 이승과 저승의 경계가 열려 죽은 자들이 이승으로 올 수 있다고 합니다. 그래서 이때는 죽은 가족, 친척 들을 위한 제단을 만들어 꽃과 음식, 사진, 해골 장식 등으로 화려하게 꾸미고 그들을 기리지요.

조상에게 제사를 지내는 우리 문화와 언뜻 비슷해 보이지만, 멕시코는 이날을 화려한 축제로 즐긴다는 점이 특별합니다. 멕시코시티에서는 흥겨운 퍼레이드가 펼쳐지는데, 수많은 사람이 해골로 분장하고 춤과 노래를 즐기며 행진합니다. 멕시코인들은 죽은 자들을 만나는 이때가 즐겁고 행복한 날이라 생각합니다. 저승으로 간 영혼을 반갑게 환영하는 이들의 문화는 죽음을 바라보는 또 다른 관점을 생각하게 합니다.

죽은 자의 날은 죽음의 신과 여신을 숭배하는 아즈텍의 풍습에서 비롯되었다고 합니다. 또한 가톨릭에서 11월 1일은 성인의 대축일, 11월 2일은 모든 죽은 자를 기억하는 위령의 날로 지낸다고 합니다. 멕시코의 죽은 자의 날은 아즈텍 문화와 에스파냐에서 전해진 가톨릭 문화가 결합한 산물인 것이죠. 죽은 자의 날을 소재로 삼은 디즈니 애니메이션 〈코코〉에는 멕시코의 독특한 문화가 잘 나타나 있습니다.

고도로 발전한 문명의 급격한 몰락과 에스파냐의 억압적인 통치, 수많은 원주민의 죽음과 고통. 멕시코인들의 역사는 결코 밝고 평탄하지 못했습니다. 그들에게 새로운 문화는 침략 세력의 강요였습니다. 그러나 멕시코인들은 여전히 흥겹게 삶을 즐깁니다. 그들을 지배했던 세력의 문화는 멕시코에 녹아들어 새로운 전통이 되었지요. 죽음조차 축제로 여기는 문화는 아즈텍과 에스파냐의 비극적 만남을 오랜 세월에 걸쳐 흥겨운 축제로 승화시켰습니다.

5장

도시,
희망을 꿈꾸다

더블린Dublin

대기근에 시달리던 영국의 식민지는
어떻게 가장 부유한 나라가 되었을까?

- 국가(대륙)   아일랜드(유럽)
- 면적   114.99Km²
- 인구   약 55만 명
- 언어   영어
- 기후   서안 해양성 기후
- 대표 관광지   하 페니 다리, 오코넬 거리, 트리니티 칼리지
- 키워드   감자 대기근, 아일랜드 독립

더블린의 하 페니 다리

아일랜드는 무려 800년 가까이 잉글랜드의 지배를 받았습니다. 특히 잉글랜드의 국왕 헨리 8세가 왕비와 이혼하기 위해 교황청과 결별하고 국교회를 세우면서 가톨릭 국가인 아일랜드를 더욱 차별하기 시작했죠. 아일랜드인은 토지를 몰수당하고 공직에도 진출할 수 없었습니다. 아일랜드의 토지는 모두 잉글랜드인의 소유가 되었죠. 아일랜드인은 끊임없이 기회를 보며 저항했으나 1801년 완전히 합병되었습니다.

아일랜드는 밀 농사가 잘되고 가축도 많았습니다. 그러나 밀과 고기를 가득 실은 배는 잉글랜드로 향했습니다. 가난한 아일랜드 소작농들이 먹을 수 있는 것은 오직 감자뿐이었습니다. 그런데 이 감자가 썩어버리는 전염병이 발생하고 말지요. 1845년부터 아일랜드에 끔찍한 대기근이 벌어졌습니다. 그런데 감자가 없다면 아일랜드 땅에서 나오는 다른 풍부한 먹거리를 공급하면 되지 않았을까요? 하지만 잉글랜드는 아일랜드의 비극에 무심했습니다. 결국 아일랜드 인구의 4분의 1이 굶어 죽는 끔찍한 일이 벌어졌습니다. 더블린에는 감자 대기근 동상이 있어 당시 상황을 짐작할 수 있게 해줍니다. 뼈만 남은 사람들의 고통스러운 얼굴이 생생하게 묘사되어 있지요.

더블린의 감자 대기근 추모 동상

'보이콧'이라는 말을 들어 보았나요? 보이콧은 부당한 행위에 맞서 조직적으로 벌이는 여러 가지 거부 운동을 말합니다. 아일랜드 대기근 때 더 이상 견딜 수 없었던 소작농들은 소작료 인하를 요구합니다. 이때 토지를 관리하던 관리인이 가혹하게 소작농들을 쫓아냈는데, 이 관리인의 이름이 '찰스 보이콧'입니다. 이에 농민 지도자 찰스 스튜어트 파넬을 중심으로 마을 사람들 모두가 보이콧을 위해 일하기를 거부하죠. 상점도, 우체국도, 농민도 모두 그를 거부했습니다. 그는 결국 이 지역을 떠날 수밖에 없었죠. 찰스 보이콧은 이렇게 불명예스럽게 자신의 이름을 남기게 되었습니다.

국내총생산이 영국을 앞지른 것을 기념해 세운 더블린 첨탑

아일랜드인의 반영 감정이 심해진 것은 당연합니다. 아일랜드의 독립 의지는 강해졌고, 무장 봉기가 일어나기도 했습니다. 아일랜드 독립운동 은 독립 전쟁으로 발전했고, 남북이 분열된 상황에서 1922년 남아일랜 드 26주가 독립해 아일랜드 공화국을 수립하게 됩니다.

오랜 세월 영국의 식민지로 살아왔고, 많은 국민이 굶어 죽을 만큼 가 난했던 아일랜드는 지금 어떻게 되었을까요? 2022년 아일랜드의 1인당 국내총생산(GDP)은 국제통화기금(IMF) 통계상으로 약 13만 달러로 추 정되는데 이는 세계 3위, 유럽 2위에 해당합니다. 도시 국가를 제외하면 사실상 세계에서 가장 부유한 나라가 된 것이죠. 아일랜드를 켈틱 호랑이^{Celtic Tiger}, 즉 켈트족 호랑이라고 부를 정도입니다. 아일랜드는 2000년대 초에 영국의 GDP를 따라잡았고 2020년에는 무려 영국의 두 배를 기록합니다.

아일랜드의 수도 더블린에는 높이가 120미터에 이르는 거대한 첨탑이 있습니다. 더블린 스파이어^{The Spire}라고 불리는 이 첨탑은 아일랜드의 국내총생산이 영국을 앞지른 것을 기념하기 위해서 만들었다고 합니다.

1990년만 해도 아일랜드의 1인당 GDP는 약 1만 4,000달러로 유럽에서 하위권에 속했습니다. 그러던 나라가 30년 만에 1인당 GDP가 13만 달러가 되었다니 놀라울 정도의 성장입니다.

아일랜드는 법인세 인하 등 정부 규제를 줄이면서 적극적인 개방 정책을 폈습니다. 그 결과 수많은 세계적 기업이 앞다투어 아일랜드에 투자하게 되었지요. 교육열이 높아 우수한 인재가 많다는 점, 영어가 공용어라는 점도 장점이었습니다. 특히 브렉시트 이후에는 영어를 사용하는 아일랜드가 유럽연합 내에서 영국의 대안으로 떠오르며 더욱 매력적인 나라가 되고 있지요. 현재 구글, 애플, 메타 등을 포함한 유수의 IT 기업, 세계적 제약 회사의 유럽 본사가 아일랜드에 있습니다.

길고 긴 세월 처절한 슬픔의 역사를 지닌 아일랜드. 이제는 세계에서 가장 부유한 나라로, 켈트의 호랑이로 눈부시게 부상하고 있습니다. 앞으로 아일랜드는 어떤 길을 걷게 될까요? 비슷한 아픔을 딛고 일어선 아시아의 호랑이인 우리나라도 함께 비상하기를 꿈꾸어 봅니다.

앵커리지 |Anchorage

쓸모없던 얼음창고가
보물창고가 되다

- 국가(대륙)   미국(북아메리카)
- 면적   5,079Km^2
- 인구   약 30만 명
- 언어   영어
- 기후   냉대 기후
- 대표 관광지   알래스카 동물원, 추가치 국립공원, 어스퀘이크 공원
- 키워드   알래스카, 러시아와 미국

알래스카 앵커리지

지도에서 알래스카를 찾아보세요. 미국 본토의 서북쪽에 떨어져 있는 엄청난 크기의 땅입니다. 위도가 매우 높아 북극권에 가깝고 서쪽으로는 러시아와 맞닿아 있습니다. 알래스카는 어떻게 미국의 땅이 되었을까요?

1741년 러시아의 표트르 1세는 탐험가 비투스 베링에게 시베리아의 동쪽을 조사하라는 지시를 내렸습니다. 베링은 현재 러시아 영토의 동쪽 끝과 아메리카 대륙 사이에 좁은 해협이 있다는 것을 알게 됩니다(아시아 대륙과 북아메리카 대륙 사이의 해협을 그의 이름을 따 베링 해협이라 부릅니다). 베링이 해협을 건너가 대륙을 발견한 후 알래스카는 러시아의 영토가 됩니다.

원래 알래스카에는 원주민이 살고 있었는데 러시아인들이 점차 알래스카로 건너가면서 원주민을 지배하게 됩니다. 당시 유럽에서는 모피가 엄청난 인기를 끌었고, 러시아는 시베리아의 모피 무역을 통해 큰 이익을 얻고 있었습니다. 러시아의 모피 상인들은 알래스카에서도 원주민들에게 무지막지하게 모피를 공급받았습니다. 시베리아와 알래스카의 동물들은 점차 사라져 갔죠.

시간이 지나면서 알래스카에서 모피를 구하기가 어려워졌습니다. 무

미국 본토 서북쪽에 떨어져 있는 알래스카

엇보다 모피를 유럽까지 운반하는 데 시간과 비용이 너무 많이 들었습니다. 바다를 건너 엄청나게 넓은 러시아 영토를 가로질러 가야 했으니까요. 러시아로서는 알래스카를 지배해서 얻는 실익이 점차 줄어들고 있었습니다. 게다가 19세기 중반 러시아는 크림 전쟁(러시아 제국과 오스만 제국, 영국, 프랑스 등의 연합군이 크림 반도에서 싸운 전쟁)에서 패배해 재정난에 시달리고 있었지요. 당장 돈이 필요한데 알래스카는 돈이 되는 땅이 아니었습니다.

무엇보다 알래스카와 맞붙은 현재의 캐나다 땅은 당시 영국의 식민지였습니다. 크림 전쟁에서도 영국에 패한 러시아는 알래스카마저 영국에 빼앗기기 십상이라는 생각이 들었습니다. 알래스카의 국경을 관리하기도 쉽지 않았고요. 러시아에게 알래스카는 계륵과 같은 땅이었습니다. 차라리 돈을 받고 팔아버리고 싶었지만 얼어붙은 땅을 사겠다고 나서는 나라를 찾기가 쉽지 않았죠.

마침 이때 미국이 남북전쟁이 끝난 후 알래스카를 매입하기로 합니다. 물론 얼어붙은 황무지를 아까운 돈을 주고 사려 한다는 비난 여론도 있었습니다. 하지만 미국은 영국으로부터 독립해 힘을 키우고 있는 상황에서 알래스카가 영국을 견제하는 군사 요충지가 되리라 생각했습니다. 알래스카가 미국 영토가 되면 영국 식민지인 캐나다를 포위하는 형국이 될 테니까요. 러시아 역시 미국이 영국과의 사이에서 중간 지대 역할을 해 주면 영국을 견제할 수 있으리라 보았습니다. 1867년, 미국은 러시아로부터 약 160만 제곱킬로미터의 알래스카를 720만 달러에 매입했습니다. 이는 1제곱킬로미터당 5달러 정도에 해당하는 액수였죠.

그로부터 약 30년 뒤 금, 은, 철광석, 석유, 석탄, 천연가스 등의 지하자원이 쏟아져 나오면서 알래스카는 그야말로 금싸라기 땅이 됩니다. 금광이 발견된 데다 석탄 매장량은 세계 1위, 석유 매장량은 전 지구 매장량의 10분의 1이라고 하니 알래스카의 가치는 돈으로 계산할 수 없을 정도였습니다. 미국은 이런 땅을 헐값에 사들여 엄청난 이익을 보게 되었지요.

지정학적으로도 알래스카는 미국에게 최고의 선택이 되었습니다. 알

앵커리지 시내의 여름

래스카를 매입할 때만 해도 미국과 러시아의 사이가 좋았습니다. 영국이라는 공통의 적이 있었지요. 하지만 냉전 시대가 찾아오면서 러시아의 뒤를 이은 소련과 미국은 적대 관계에 들어서게 됩니다. 미국은 알래스카를 손에 넣은 덕에 아시아와 아메리카로 향하려는 소련을 견제하고 북극해에 영향력을 미칠 수 있게 되었습니다. 러시아로서는 어쩔 수 없는 선택이었겠지만 두고두고 땅을 칠 만한 거래였습니다.

현재 알래스카는 미국의 마흔아홉 번째 주로 지하자원과 관광 산업으로 유명한 도시입니다. 미국에서도 부유한 주로 꼽히지요. 앵커리지는 알래스카에서 가장 인구가 많고 큰 도시로 행정과 산업, 운송과 관광의 중심지입니다. 대도시이지만 알래스카의 대자연을 가까이에서 볼 수 있다는 특별한 매력으로 여행자들을 끌어들이는 곳입니다.

앵커리지는 특히 '세계 하늘의 교차로'라 불릴 정도로 항공 교통에서 매우 중요한 도시입니다. 냉전 시기에 비행기가 소련 영공을 통과할 수 없을 때 아시아와 미국, 유럽을 잇는 항로의 연결 지역이었기 때문입니다. 냉전 이후에는 중요성이 다소 줄었지만, 여전히 앵커리지의 공항은 세계에서 매우 바쁜 공항 중 하나로 꼽힙니다.

알래스카의 발전상을 거슬러 올라가 보면 미국의 놀라운 행운에 대해 생각하지 않을 수 없습니다. 반대 여론에도 불구하고 알래스카 매입을 결정한 사람은 국무장관 윌리엄 수어드입니다. 사람들은 알래스카를 '수어드의 얼음창고^{Seward's icebox}'라고 비웃었죠. 그 후 장관직에서 물러난 수어드는 몇 년 후 숨을 거뒀습니다.

알래스카에서 값비싼 지하자원이 쏟아져 나온 후 미국 의회는 세상을 떠난 수어드에게 공식적으로 사과했다고 합니다. 알래스카는 수어드의 얼음창고가 아니라 미국의 보물창고가 되었지요.

무엇이 국익을 위한 일인지, 미래를 위한 일인지 판단하는 것은 얼마나 어려운 일일까요. 오늘날 미국이 강력하고 부유한 나라가 된 것은 국운을 건 선택의 순간에 행운의 여신이 함께했기 때문일지도 모릅니다.

아바나 ^{Havana}

아바나에는 왜 알록달록한 올드카가 많을까?

- 국가(대륙)   쿠바(중남미)
- 면적   721Km^2
- 인구   약 200만 명
- 언어   에스파냐어
- 기후   아열대 기후
- 대표 관광지   말레콘, 혁명 광장, 아바나 옛 시가와 요새
- 키워드   쿠바 미사일 위기, 냉전

옛 국회의사당이 보이는 아바나의 구시가지

"쿠바에서 발사된 핵미사일이 서방 국가를 향한다면 우리는 이것을 미합중국에 대한 공격으로 간주하고 소련에 대해 완전한 보복 대응을 할 것이다."

1962년 10월 22일, 미국의 대통령 존 F. 케네디는 이 같은 성명을 발표했습니다. 전 세계는 3차 세계 대전이 일어날지도 모른다는, 게다가 이번 전쟁은 핵전쟁이 될 것이라는 불안에 떨었습니다. 그리고 그 위험의 중심에는 쿠바가 있었습니다.

쿠바는 카리브해의 중심에 있는 나라로 아메리카 대륙의 가운데에 위치합니다. 북쪽으로는 미국 플로리다 반도와 마주 보고 있으며 서쪽으로는 멕시코에 접해 있습니다. 카리브해에는 섬이 많아 예전부터 신대륙과 유럽 사이를 오가는 상선을 노리는 해적이 많았다고 합니다. 우리에게는 '캐리비안 해적'이라는 이름으로 널리 알려졌지요.

콜럼버스가 이 지역을 탐험한 이후로 쿠바는 에스파냐의 식민지가 되었습니다. 전염병으로 원주민이 몰살당하다시피 하자 에스파냐는 서아프리카에서 흑인 노예를 들여왔습니다. 쿠바는 담배와 사탕수수 경작을 통해 에스파냐에 막대한 부를 안겨다 주었죠. 항구 도시 아바나는 무역

카리브해 주변 지도

의 중심지로 번영했습니다. 아바나 구시가지에는 여전히 아름다운 에스파냐풍의 건물이 남아 있어 옛 도시의 매력을 더해 줍니다.

1898년 쿠바는 치열한 투쟁을 통해 에스파냐로부터 독립했습니다. 그러나 이것은 끝이 아니었습니다. 쿠바의 독립을 도왔다는 명분으로 미국이 경제적 침략을 시작해 결국 다시 강대국의 식민지 같은 처지가 됩니다. 쿠바를 다스리던 독재자는 미국의 꼭두각시 노릇을 했으며 아름다운 바닷가는 미국인들의 휴양지가 되어 버렸습니다.

이러한 상황에서 등장한 인물이 피델 카스트로와 체 게바라입니다. 쿠바의 민중은 그들과 함께 기꺼이 혁명에 동참했으며, 기적처럼 혁명에

아바나 거리를 달리는 올드카

성공했습니다. 정권을 잡은 카스트로는 미국이 소유한 공장과 토지 등을 빼앗아 국유화했고, 이렇게 미국과 적대 관계에 들어서게 됩니다.

당시는 미국을 중심으로 한 자유주의 국가들과 소련을 중심으로 한 사회주의 국가들이 첨예하게 대결한 냉전 시대였습니다. 미국을 적으로 돌린 쿠바는 소련의 편에 서면서 사회주의 국가가 됩니다. 이에 미국이 쿠바를 공격했으나 실패하고, 소련은 쿠바를 지킨다는 명분으로 쿠바에 미사일 기지를 세우기로 합니다. 이로써 소련은 미국의 코앞에서 직접적인 위협을 가할 수 있게 된 것이죠.

상황의 심각성을 알게 된 미국 내에서는 쿠바를 공격할지 말지를 두고

아바나의 말레콘

의견이 분분했다고 합니다. 미국은 즉시 경고했고 봉쇄 조치에 나섰습니다. 카리브해로 미사일을 싣고 오는 배를 즉시 격침하겠다고 했고, 소련은 뚫고 나가겠다며 맞섰죠. 한쪽에서 한 방을 쏘는 순간이 바로 핵전쟁의 시작이 될 것이었습니다. 팽팽한 긴장감이 전 세계를 휘감았습니다.

위기 상황에서 소련은 라디오를 통해 미국이 튀르키예에서 미사일을 철수하는 것을 조건으로 쿠바의 미사일을 철수하겠다고 제안하고, 이를 행동에 옮겼습니다. 미국은 이에 화답하며 쿠바를 침공하지 않겠다고 약속하고 튀르키예에 설치된 자국의 미사일을 철수시켰습니다. 이렇게 전 세계는 일촉즉발의 상황을 수습해 3차 세계 대전의 위기를 넘겼습니다.

미국은 약속대로 쿠바를 공격하지 않았지만 경제 봉쇄까지 거두지는 않았습니다. 소련이 붕괴된 후 쿠바의 경제 상황은 갈수록 악화되었습니다. 외국인 관광객들이 빈티지라며 사랑하는 아바나의 올드카는 사실 쿠바가 자동차를 수입하지 못해 오래된 자동차를 고쳐 타고 다니면서 생긴 풍경입니다. 경제 봉쇄로 인해 쿠바는 과거에 머물러 있지만, 잠시 왔다 가는 관광객들은 옛날로 돌아간 것 같다며 추억을 떠올리고 사진을 찍지요.

쿠바의 독립을 이루었으나 세계 대전의 위기를 불러일으킨 카스트로는 결국 독재자의 길로 들어서며 쿠바를 사회주의 국가로 만들었습니다. 생기발랄하고 개성이 넘치며 열정적인 아바나는 여전히 아름답지만 오랜 세월에 걸쳐 쇠락하고 있습니다. 쿠바를 다시 깨울 개혁과 자유는 아직은 요원해 보입니다.

쿠바 국민들은 열강의 침략에 맞서 경제 봉쇄 속에서도 꿋꿋이 버텼지만 그들의 삶은 갈수록 피폐해지고 있습니다. 다양성에서 피어난 흥과 예술성으로 배고픔을 버텨 온 그들이 언제까지 견딜 수 있을까요. 카리브해의 보석 쿠바가 다시 그만의 빛깔을 찾을 수 있기를 기대해 봅니다. 더불어 세계 대전의 위기를 벗어나게 했던 대화와 타협의 경험이 현재 일어나고 있는 전 세계의 갈등을 해결하는 교훈이 되기를 진심으로 바랍니다.

부에노스아이레스 Buenos Aires

남미의 파리여,
정열의 춤을 다시 한번!

· 국가(대륙)   아르헨티나(중남미)
· 면적   230Km²
· 인구   약 400만 명
· 언어   에스파냐어
· 기후   온난 습윤 기후
· 대표 관광지   콜론 극장, 5월 광장, 라 보카
· 키워드   팜파스, 인플레이션, 경제 위기

부에노스아이레스의 오벨리스크와 7월 9일 거리

아르헨티나의 수도 부에노스아이레스는 '남아메리카의 파리'라 불리는 아름답고도 낭만적인 도시입니다. 이곳은 여타 중남미 도시들과 마찬가지로 에스파냐의 식민 지배를 거치며 이전과는 다른 역사를 맞이하게 됩니다. 도시 곳곳에는 지금도 유럽 문화의 영향이 강하게 남아 있습니다. 부에노스아이레스는 에스파냐어로 좋은 공기, 순풍順風이라는 뜻입니다.

아르헨티나는 우리나라에서 볼 때 지구의 정 반대편에 위치한 나라입니다. 지구 중심을 뚫고 지나갈 수 있다면 아르헨티나 근처로 나올 수 있을 거예요. 낮과 밤이 정확히 반대이므로 한국 시간이 오전 9시일 때 부에노스아이레스는 밤 9시입니다.

부에노스아이레스는 항구 도시로서 오래전부터 남미의 관문 역할을 하면서 경제, 산업, 문화의 중심지로 성장했습니다. 아르헨티나는 혼혈인이 큰 비중을 차지하는 중남미의 다른 나라와는 달리 전체 인구의 약 88퍼센트가 백인입니다.

유럽에서 나폴레옹 전쟁이 일어나 에스파냐가 프랑스에 점령되자 아메리카 식민지들은 독립 의지를 높이게 됩니다. 아르헨티나에서도 1810년 5월 혁명이 일어나 임시 정부를 수립하고, 1816년 7월 9일에 독

아르헨티나 독립을 기념하며 만들어진 부에노스아이레스 5월 광장

립합니다. 부에노스아이레스의 중심에 있는 '5월 광장'과 '7월 9일 거리'
는 아르헨티나 독립의 역사를 기념하기 위해 만들어진 곳입니다. 5월 광
장에 있는 아르헨티나 정부 궁전은 분홍빛 저택이라는 뜻의 '카사 로사
다^{Casa Rosada}'라고 불립니다.

독립 후 아르헨티나는 19세기 말부터 20세기 초반까지 경제와 문화
면에서 눈부신 번영을 이룹니다. 아르헨티나는 세계 5위의 경제 대국이
었으며, 수도 부에노스아이레스에는 아메리카 대륙 최초로 미국보다 먼
저 지하철이 건설될 정도였습니다. 아르헨티나는 유럽의 어지간한 나라
보다 잘 사는 나라로 알려졌습니다. 〈엄마 찾아 삼만리〉라는 동화에서 주

인공 이탈리아 소년이 엄마를 찾으러 떠나는데 소년의 엄마가 돈을 벌러 간 나라가 바로 아르헨티나입니다.

부에노스아이레스가 속한 남아메리카 동쪽의 중위도 지역에는 넓고 비옥한 평야가 펼쳐져 있는데 이곳을 팜파스Pampas라고 부릅니다. 팜파스 는 우크라이나 흑토지대, 북아메리카 프레리와 더불어 세계 3대 곡창지 대라 불리는 곳입니다. 소나 양을 풀어놓아도 잘 자라고 밀과 옥수수 농 사도 잘되는 최고의 땅이지요. 게다가 아르헨티나는 북반구와 계절이 반 대이기 때문에 농산물 수출에도 유리했습니다. 아르헨티나가 1900년 초 반에 번영을 누린 것은 신이 내린 비옥한 자연 덕분이라 할 수 있습니다.

그러나 아르헨티나의 번영은 오래가지 않았습니다. 세계대공황이 닥 치고 경제 상황이 안 좋아지자 아르헨티나의 경제도 기울기 시작했지요. 농업과 축산업 등 1차 산업에만 의존하는 경제 구조로는 변화하는 세계 경제 상황에 유연하게 대처할 수 없었습니다. 끝없이 반복되는 군부 쿠 데타로 정치가 혼란스러웠기 때문에 경제 정책도 안정적으로 시행되지 못했습니다. 지나친 복지 정책으로 국가 재정이 어려워졌고, 갑작스럽게 경제를 개방해 국가 기반 사업을 외국에 넘겨버리기도 했습니다. 독재자 는 경제 상황이 어려워지자 불만을 외부로 돌리기 위해 무리한 전쟁을 벌이기까지 했습니다.

국가 재정이 부족해지면서 천문학적인 빚을 지자 정부는 화폐를 찍어 내기 시작했습니다. 그러자 시중에 돈이 너무 많이 풀려 돈의 가치가 떨

알록달록한 색감의 건물이 인상적인 탱고의 발상지 라 보카

어졌고, 살인적인 인플레이션이 아르헨티나를 덮쳤습니다. 오락가락하는 정부의 경제 정책은 오히려 상황을 악화시켰으며, 2020년에는 역대 아홉 번째로 국가가 빚을 갚지 못하는 채무불이행의 위험에 빠지기도 했습니다.

　2022년 아르헨티나와 파라과이 국경의 도시에서 일어난 강도 사건이 큰 화제가 되었습니다. 강도가 흉기를 들고 나타나 점원을 협박하자 점원이 계산대에 있던 아르헨티나 화폐인 페소 한 뭉치를 내줬습니다. 그랬더니 강도가 아르헨티나 페소는 싫다며 거부했다는 이야기입니다.

　페소화의 가치가 날로 하락해 벽에 벽지를 바르는 것보다 지폐를 바르는 게 더 싸다거나 아이들이 지폐로 종이접기를 한다고 자조하는 소리가 들립니다. 아르헨티나의 물가상승률은 2023년 기준 연간 약 120퍼센트로 나타났습니다. 2022년 대한민국의 물가상승률이 너무 높다며 정부가 경제 위기를 걱정했는데, 이때 연간 물가상승률이 5퍼센트였습니다. 아르헨티나의 상황은 정상적인 인플레이션 상황이라 볼 수 없습니다. 국민들은 식료품도 구하기 힘들 정도로 벼랑 끝으로 몰렸습니다. 수많은 국민은 빈곤에 처한 반면, 외국인 관광객들은 값싼 아르헨티나 화폐를 뿌리며 마음껏 쇼핑을 즐기고 있지요.

아르헨티나를 보면 천혜의 자연과 풍족한 자원을 가졌다고 해서 국민이 풍요로운 삶을 누리는 것은 아니라는 사실을 알 수 있습니다. 자원도 없고 식량 생산도 어려운 우리나라가 이렇게 경제 발전을 이룬 것을 보면 중요한 것은 결국 사람이 아닌가 생각하게 됩니다.

2023년에 취임한 하비에르 밀레이 대통령은 물가를 잡기 위해 정부의 지출을 축소하는 강력한 개혁을 단행했는데요, 언론에서는 이를 '아르헨티나의 실험'이라고 칭합니다. IMF에서는 이 개혁 조치로 2025년에는 경제 성장이 나타날 것이라고 예측하고 있습니다. 아르헨티나인들은 개혁의 고통을 견디고 경제를 회복할 수 있을까요? 이번에야말로 과거의 번영을 되살리는 변화의 물꼬를 틀 수 있을까요? 비옥한 자연과 가능성을 지닌 아르헨티나가 다시금 열정의 춤을 시작할 수 있을지 그 미래가 주목됩니다.

투발루 외교장관이
바다에 들어가 연설한 까닭은?

- 국가(대륙)   투발루(오세아니아)
- 면적   2.4Km^2
- 인구   약 4,400명
- 언어   투발루어
- 기후   열대 기후
- 대표 관광지   푸나푸티 비치, 바이아쿠 스타디움
- 키워드   지구 온난화, 기후 난민

태평양의 작은 섬나라 투발루

2021년 제26차 유엔 기후변화 협약 당사국 총회(COP26). 어느 작은 나라 장관의 화상 연설에 모두의 이목이 쏠렸습니다. 허벅지까지 물이 차오른 바다에 서서 절박한 호소를 하는 사람은 투발루의 외교 장관 사이먼 코페였습니다.

"투발루에서 우리는 기후 변화의 현실 속에 살고 있습니다. 우리는 여러분이 지금 보시는 것처럼 해수면 상승을 견뎌내고 있습니다. 바닷물이 계속 차오르고 있기 때문에 말뿐인 약속을 기다릴 여유가 없습니다. 기후 변화를 반드시 최우선으로 생각해야 합니다. 내일을 지키기 위해서는 바로 오늘 과감한 조치를 해야 합니다."

그는 왜 바다에 들어가 연설했을까요? 그가 서 있던 바다 한복판은 원래 육지였습니다. 해수면이 올라가면서 육지가 바다로 변한 것이었죠.

투발루는 남태평양에 있는 작은 섬나라입니다. 아홉 개의 큰 섬으로 이루어져 있으며 해발 고도가 2미터에 불과합니다. 지구 온난화로 인해 해수면이 상승하면서 투발루의 국토는 바닷속으로 사라질 위험에 처해 있습니다. 1년에 0.5센티미터씩 해수면이 상승하고 있으며 이미 산호섬 두 개가 바닷물에 잠겼습니다.

투발루의 외교 장관 사이먼 코페의 수중 연설 장면

토지가 부족해지면서 채소와 과일을 키울 공간이 없기도 하지만 해수면이 높아지자 토지의 염분 농도가 높아져 농사를 지을 수 없게 되었습니다. 지하수가 오염되어 빗물을 모아 활용하고 있지요. 국민들은 식수와 먹거리를 해외에 의존할 수밖에 없습니다.

과학자들은 2100년이 되기 전에 투발루의 영토가 완전히 사라질 것이라 예측합니다. 이것은 투발루만의 문제가 아닙니다. 태평양의 마셜 제도, 키리바시, 나우루 공화국, 인도양의 몰디브도 해수면 상승으로 인해 국토가 수몰될 위험에 처해 있습니다. 무엇보다 이 섬나라들은 탄소를 배출하는 국가가 아닙니다. 하지만 선진국의 경제 개발 과정에서 일어난

과도한 탄소 배출에 가장 먼저 직접적 피해를 입고 있습니다.

지구 온난화로 인한 기후 변화 문제는 이제 전 세계의 턱밑까지 다가왔습니다. 빙하는 점차 무서운 속도로 녹고 있습니다. 매년 여름이 되면 전 세계에 기록적인 폭염이 이슈로 떠오릅니다. 겨울이 되면 한파로 피해를 입는 지역이 속출합니다. 폭우와 태풍, 가뭄으로 많은 인구가 고통을 당합니다. 거대한 산불도 자주 일어납니다. 2023년 안토니우 구테흐스 유엔 사무총장은 이제 지구 온난화의 시대가 끝나고 '지구 열대화^{global boiling}'의 시대가 되었다고 말했습니다.

기후 변화로 인해 삶의 터전을 잃고 살던 지역을 떠나게 된 사람들을 기후 난민이라고 합니다. 기후 난민은 단지 투발루만의 문제가 아닙니다. 구테흐스 유엔 사무총장은 지구 온도 상승 폭을 1.5도까지 억제하더라도 2100년까지 해수면이 50센티미터 상승해 세계 인구의 10분의 1에 해당하는 사람들이 위험에 처할 것이고, 뉴욕, 런던, 코펜하겐, 상하이 등 대도시도 예외가 아니라고 경고했습니다.

투발루 정부는 국토가 사라질 미래를 대비해 디지털 국가를 구상하고 있습니다. 사라져 가는 투발루를 기록하기 위한 가상 세계를 논의하는 상황이죠. 오늘의 투발루는 우리 모두의 내일입니다. 투발루뿐만 아니라 인류 모두가 가라앉고 있습니다. 전 세계는 지금 당장 탄소 배출을 줄이기 위한 적극적인 대책을 마련해야 할 것입니다. 우리 역시 지구 온난화를 막기 위해 개개인이 노력해야 할 것입니다.

프라이부르크 Freiburg

환경 친화적 도시를 만드는 게
꿈 같은 이야기라고요?

- 국가(대륙)　　독일(유럽)
- 면적　　　　　153.07Km^2
- 인구　　　　　약 23만 명
- 언어　　　　　독일어
- 기후　　　　　서안 해양성 기후
- 대표 관광지　슈바르츠발트, 보봉 마을, 프라이부르크 대학
- 키워드　　　　검은 숲, 생태 도시, 환경 수도

검은 숲으로 향하는 슐로스베르크반과 그 뒤로 보이는 프라이부르크

동화 『헨젤과 그레텔』을 기억하나요? 헨젤과 그레텔이 빵조각을 떨어뜨리며 걷다가 숲속에서 길을 잃고 과자로 만든 집을 발견하는 장면이 나옵니다. 이때 두 아이가 들어선 숲이 독일인이 사랑하는 '검은 숲'입니다. 독일어로 '슈바르츠발트 Schwarzwald'라 불리는 검은 숲은 독일 남서부에 펼쳐진 넓은 산맥입니다. 수많은 침엽수가 빽빽하게 자라고 있어 숲에 들어서면 어두울 정도로 울창해서 붙은 이름이라고 합니다. 이 아름다운 검은 숲에 포근하게 안긴 채 숲의 남쪽에서 햇살을 받으며 반짝이는 도시가 프라이부르크입니다.

1970년대 초 프라이부르크의 북쪽 지역에 원자력 발전소를 건설한다는 소식이 들려왔습니다. 공업화로 인해 대기 오염이 심해지고 산성비가 내려 독일의 자랑인 검은 숲이 파괴되고 있을 때였죠. 프라이부르크 사람들은 자신들의 삶의 터전과 숲을 지켜야 한다고 생각했고, 이렇게 환경 의식이 싹트기 시작했습니다. 시민들은 원자력 발전소를 반대하며 저항했습니다. 결국 원전 건설 계획은 취소되었지요. 시민들은 원전을 반대하는 데 멈추지 않고 대안을 생각했습니다. 친환경 에너지에 주목한 것입니다.

이제 프라이부르크는 세계의 환경 수도라 불리는 세계적인 환경 도시가 되었습니다. 도시 곳곳에서는 태양광 패널을 쉽게 볼 수 있지요. 프라이부르크 신시청은 외벽 전체가 태양광을 흡수하도록 설계되었는데, 건물에 필요한 에너지 이상을 생산하는 에너지 제로 건물입니다.

프라이부르크를 흐르는 인공수로 베힐레

프라이부르크를 흐르는 인공수로 베힐레Bächle는 도시의 개성과 운치를 더해 줍니다. 검은 숲에서 흘러나온 물이 수로를 흘러가면서 도시의 열을 식혀 주는 역할을 한다고 합니다. 지나가던 시민들이 수로에서 휴식을 취하거나 어린이들이 물장난하는 모습이 정겨워 보입니다.

프라이부르크의 주요 교통수단은 자전거와 트램입니다. 도시에서 생활할 때 자전거가 가장 편리하도록 교통 체계를 설계했고 자전거 친화적인 정책도 만들었지요. 많은 사람이 일상적으로 자전거를 이용하기 때문에 도시에서는 자동차 매연을 찾아볼 수 없습니다.

프라이부르크시에서도 보봉Vauban 마을은 친환경 생태 거주 지역으로

보봉 마을에 있는 주상복합 건물 태양의 배solar ship

서 놀라울 정도의 에너지 효율을 자랑합니다. 보봉 마을에는 아예 자동차가 들어갈 수 없고, 주거 단지에는 주차장이 없습니다. 신재생에너지를 이용하는 지상 전철 트램이 효율적으로 운행되고, 주민들은 대개 자전거를 이용합니다.

　보봉 마을에서 무엇보다 인상적인 것은 제로 에너지 주택입니다. 에너지를 효율적으로 쓰기 위해 단열에 신경을 쓰지요. 이렇게 건물 내부의 에너지 손실을 최소화하고 태양광 에너지를 사용하는 주택을 패시브 하우스passive house라 부릅니다. 특히 원통형의 독특한 주택 '헬리오트롭heliotrop'이 유명합니다. 이 놀라운 건물은 태양의 궤도를 따라 회전하면서

자전거를 이용하는 프라이부르크 시민들

건물에서 필요한 에너지의 무려 다섯 배를 생산합니다. 보봉 마을에서 패시브 하우스, 에너지 플러스 하우스 등을 통해 생산한 전기는 마을에서 사용하고도 남아 시에 판매한다고 합니다.

프라이부르크는 쓰레기 제로 운동에도 앞장서고 있습니다. 재사용이 가능한 '프라이부르크 컵'을 반납하면 가게로부터 일정 금액을 돌려받습니다. 시민들의 노력으로 재활용률이 70~80퍼센트에 이르며, 재활용할 수 없는 쓰레기를 소각하는 열은 다시 에너지로 만들어 사용합니다.

기후 위기가 턱밑까지 온 상황에서 프라이부르크의 이야기는 마치 꿈처럼 들립니다. 프라이부르크의 사례는 단지 친환경 기술 발전만으로는 설명할 수 없습니다. 시민들은 지금 당장 할 수 있는 일을 지체하지 않고 행동으로 옮겼습니다. 높은 수준의 자치, 시민들의 적극적인 참여, 환경에 대한 끊임없는 관심과 지속적인 교육이 이 작은 도시를 세계의 모범으로 만들었습니다. 제2의, 제3의 프라이부르크가 계속 나서지 않는 한 지구의 위기를 극복할 방법은 없어 보입니다. 우리도 지금 할 수 있는 일부터 하나하나 시작해야 할 때입니다.

코펜하겐 Copenhagen

동화작가 안데르센과
물리학자 닐스 보어의 공통점은?

- 국가(대륙)   덴마크(유럽)
- 면적   86.39Km^2
- 인구   약 140만 명
- 언어   덴마크어
- 기후   서안 해양성 기후
- 대표 관광지   인어공주 동상, 아말리엔보르 성, 뉘하운, 로젠보르크 성, 티볼리 가든
- 키워드   안데르센, 코펜하겐 학파, 환경 도시

알록달록한 건물들이 인상적인 코펜하겐

『인어공주』, 『미운 오리 새끼』, 『성냥팔이 소녀』, 『벌거벗은 임금님』은 모두 한 번쯤 읽어봤을 겁니다. 시대와 장소를 초월해 어린이들에게 사랑받는 이 동화는 모두 한스 크리스티안 안데르센의 작품입니다. 안데르센은 동화에 창조성의 숨결을 불어넣어 아동문학을 독립된 장르로 발전시킨 인물로 아동문학의 아버지라 불립니다. 안데르센이 활동한 코펜하겐의 바닷가 바위에는 덴마크의 상징과도 같은 유명한 동상이 자리해 있습니다. 바로 인어공주 동상입니다.

1913년에 세워져 100년이 넘도록 코펜하겐의 명물로 자리 잡은 인어공주 상은 이 지역을 방문하는 여행객이라면 꼭 한 번은 찾는 관광 명소입니다. 그런데 인어공주 상을 실제로 본 사람들이 실망하는 경우가 많다고 합니다. 생각보다 규모가 작고 볼거리가 많지 않기 때문이라네요. 인어공주 상은 그 유명세만큼 오랜 세월 여러 수난을 겪어 왔습니다. 신체 일부가 잘린 적도 있고 페인트를 뒤집어쓴 적도 있다고 합니다. 지느러미와 목소리를 포기하고도 왕자의 사랑을 얻을 수 없었던 인어공주는 100년이 넘도록 이곳을 지키며 수많은 사람의 수만 가지 생각과 행동을 덤덤히 받아 냈나 봅니다.

코펜하겐 바닷가 바위 위의 인어공주 동상

코펜하겐 대학교는 덴마크에서 가장 오래되고 규모가 큰 대학입니다. 20세기 초에 이곳에서 세계를 뒤바꾼 놀라운 혁신이 탄생합니다. 그 중심인물은 양자 역학의 아버지라 불리는 닐스 보어입니다. 닐스 보어는 코펜하겐 대학교에 이론물리학 연구소(현재 닐스 보어 연구소)를 세우고 이곳에서 뛰어난 젊은 과학자들과 열띤 토론을 하며 원자의 세계를 탐구합니다. 보어 덕분에 코펜하겐은 20세기 초 물리학의 최전선에 서서 양자 역학의 탄생지와 같은 역할을 하게 됩니다.

고전 물리학은 뉴턴 역학을 기반으로 합니다. 근대 과학자들은 뉴턴 역학을 통해 우주 만물을 설명하고 예측할 수 있다고 생각했습니다. 그런

양자 역학의 탄생지 닐스 보어 연구소

데 원자와 같은 미시 세계를 연구하다 보니 뉴턴 역학으로는 설명할 수 없는 현상이 늘어났습니다. 보어는 원자의 세계를 설명할 수 있는 원자 모형을 만들었지만, 미시 세계는 여전히 암흑에 싸여 있었습니다.

이러한 상황에서 젊은 과학자 베르너 하이젠베르크가 코펜하겐에 와서 보어와 함께 새로운 문제를 연구하게 됩니다. 보어의 물리학에 푹 빠져 있던 하이젠베르크는 보어의 이론을 뒷받침할 수 있는 새로운 행렬 역학을 만들었고, 이렇게 해서 양자 역학이 탄생하게 됩니다. 닐스 보어, 하이젠베르크, 막스 보른, 파울리 등 코펜하겐에서 양자 역학을 연구한 이들의 모임을 코펜하겐 학파라고 합니다. 이들은 미시 세계에 대해 상식적으로는 이해하기 힘든 설명을 합니다. 전자는 입자와 파동의 두 가지 성격을 동시에 지니는데, 관측하기 전에는 전자의 성격이 확정되지 않으며 관측하는 순간 확정된다는 주장입니다. 다시 말해 관찰하기 전에는 여러 상태가 확률적으로 존재하며 관찰하는 순간 하나로 결정된다는 것입니다. 이것을 코펜하겐 해석이라고 합니다.

코펜하겐 해석은 양자 역학이 태동하는 데 결정적인 아이디어를 제시한 당대 최고의 과학자 아인슈타인, 양자 역학에서 물질의 상태를 기술하는 방정식을 도출해 낸 슈뢰딩거조차 격렬히 반대했을 만큼 파격적인 생각이었습니다. 특히 아인슈타인은 '신은 주사위 놀이를 하지 않는다'라고 말하며 양자 역학의 확률과 우연성을 받아들이지 않았습니다.

닐스 보어를 중심으로 한 코펜하겐 학파는 아인슈타인의 모든 반박을 물리쳤고, 양자 역학은 현대 과학의 새로운 패러다임으로 떠오르게 됩니다. 오늘날 우리가 사용하는 컴퓨터, 핸드폰 등 수많은 전자기기는 모두 양자 역학에 바탕을 두고 있습니다. 코펜하겐에서 일어난 상식을 뒤집는 혁신은 새로운 세계의 문을 열었습니다.

현재 코펜하겐은 세계에서 가장 살기 좋은 도시, 친환경 도시로 손꼽힙니다. 특히 자전거 도시로 유명한데, 코펜하겐에서는 시민의 절반 이상이 자전거를 이용해 출퇴근한다고 합니다. 도시 곳곳에 자전거 주차장이 설치되어 있으며 자전거를 이용하는 시민이 편리하도록 각종 정책과 지원을 아끼지 않았습니다. 자전거 전용 신호등과 자전거 도로가 잘 갖추

코펜하겐 시청사 앞에서 자전거를 타는 사람들

어져 있으며 자전거 고속 도로까지 마련되어 있습니다. 자전거가 더 빠르고 편리하기 때문에 많은 시민이 자전거를 이용하게 되었고 그 결과 탄소 배출량을 크게 낮출 수 있었습니다. 우리나라를 비롯한 세계의 많은 도시에서 코펜하겐의 자전거 정책을 배우기 위해 찾아갈 정도이지요.

덴마크 정부는 코펜하겐을 2025년까지 세계 최초의 탄소 중립 도시로 만들겠다는 '코펜하겐 2025 기후 계획'을 발표했습니다. 덴마크 해안가에 가보면 수많은 풍차가 힘차게 돌아가는 광경을 볼 수 있는데, 덴마크는 전체 전력의 50퍼센트 정도를 풍력 발전에서 얻고 있습니다. 현재 전체 전력량 중 풍력 발전을 포함한 신재생 에너지의 비율이 70퍼센트 이

종합 스포츠 문화시설로 활용되는 폐기물 발전소 코펜힐

상이라고 합니다.

코펜하겐의 언덕이라는 뜻의 '코펜힐'CopenHill'은 아마게르 바케'Amager Bakke
폐기물 발전소입니다. 흔히 우리가 쓰레기 처리장이라 부르는 곳이지요.
이 폐기물 발전소는 놀랍게도 스키장입니다. 비스듬하게 지어진 발전소
의 지붕을 스키장으로 활용한 것입니다. 그뿐만 아니라 등산로, 모험 공
간, 인공 암벽, 전망대와 카페 등 다양한 부대 시설이 있는 종합 스포츠 문
화 시설입니다. 아마게르 바케 폐기물 발전소는 도시에서 나오는 폐기물
을 소각하여 에너지로 활용합니다. 발전소는 폐기물을 소각할 때 나오는
이산화탄소까지 포집해서 재활용하는 방안을 찾고 있다고 하네요. 세계

에서 가장 깨끗하고 친환경적인 폐기물 에너지 발전소, 지역 사회와 공존하는 지속 가능한 공간의 탄생은 코펜하겐을 세계적인 환경 도시라 부르는 이유를 보여 줍니다.

어린이는 그들만의 문학을 누릴 수 있는 존재가 아니라는 생각, 세계는 정해진 규칙에 따라 돌아간다는 생각, 자동차가 자전거보다 빠르다는 생각, 쓰레기 처리장은 혐오 시설이라는 생각. 코펜하겐의 혁신은 사람들이 상식이라 여겼던 생각을 뒤집는 것으로부터 시작되었습니다.

탄소 중립은 멀고 요원하다는 생각, 지구 온난화는 이제 우리 힘으로는 어쩔 수 없다는 생각. 코펜하겐의 혁신을 본받아 우리도 이런 생각을 뒤집어 볼 수는 없을까요? 인류의 미래를 위해 우리 모두가 머리를 맞대고 서로의 아이디어를 공유하며 함께 나아가야 할 때입니다. 기존의 지식에 갇히지 않고 용감하고 즐겁게, 자유롭고 활발하게 토론했던 코펜하겐의 과학자들이 새로운 세상을 연 것처럼 말입니다.

에필로그

도시에 관한 이야기를 쓰기로 하고 빈 종이를 들여다보자 인류사에 한 획을 그은 예술가들이 먼저 말을 걸어오기 시작했습니다. 그리고 세상을 바꾼 혁신을 이끈 천재들이 그 거대한 존재를 드러내더군요. 도시는 그저 어느 나라의 어느 장소에 위치한 공간에 불과한 것이 아니었습니다. 어느 도시를 바라보아도 와글와글 스테레오로 울리는 수많은 이야기가 들려왔습니다. 도시들은 씨줄과 날줄처럼 서로 얽히고 영향을 미치며 지금 우리가 사는 세상을 만들어 왔습니다.

도시가 세상을 이끄는 힘은 함께 모여 사는 사람들의 집단 지성에서 비롯된 것임을 알게 되었습니다. 그러자 도시가 품고 있는 지리와 역사 이야기뿐만 아니라 문학, 음악, 미술, 건축, 정치, 경제, 과학, 기술, 환경 등의 온갖 교양 지식이 고구마 줄기처럼 따라왔습니다. 세계 도시를 넘나들며 한 도시가 품고 있는 다양한 이야기를 끌어올리자니 책을 쓰는 내내 마음이 참으로 풍요로웠습니다.

오랜 역사를 거치며 많은 도시들은 어려움을 겪으며 문제를 해결해 왔습니다. 새로운 혁신을 일으켜 인류에 이바지하기도 했지요. 도시는 마치 살아 있는 생물체와도 같아서 흥하기도 하지만 돌연 쇠락하기도 합니다. 여러 가지 원인이 있겠지만, 결국 그 안에 사는 사람들의 선택이 도시의 미래를 좌우할 것입니다.

이제 세계는 갈수록 긴밀히 연결되고 있으며 온 인류가 동일한 문제를 안고 있습니다. 사라지고 있는 푸나푸티의 문제는 우리 모두의 과제가 되었고, 프라이부르크의 선택에 전 세계가 주목합니다. 코펜하겐의 젊은 과학자들의 놀라운 혁신과 그들이 열어젖힌 새로운 세계는 우리에게 희망과 비전을 보여 줍니다. 이제 인류의 집단 지성은 새로운 세대를 위한 선택과 혁신을 향해야 하지 않을까요.

이 책을 읽는 어떤 분이 실패를 딛고 꿈을 이룬 브루넬레스키처럼 세상을 아름다운 곳으로 만드는 데 기여하시길 기대합니다. 기존의 생각을 뒤집어 버린 보어와 하이젠베르크처럼 새로운 혁신으로 우리가 사는 이 세상을 더 나은 곳으로 만드는 데 힘을 보태 주시길 희망합니다. 자원을 재활용하고 탄소 배출을 줄이기 위해 노력하는 시민이 되어 주변 사람들의 생각을 변화시키며 미래를 바꾸는 중대한 역할의 한 축을 담당하시길 바랍니다.

새로운 세상의 주인이 될 그대들에게, 사랑하는 두 아들과 제자들에게 이 책을 바칩니다.

2025년 1월

신정아